我 的 书 来 自

# 走进魔法店

揭秘战胜人性脆弱与苦难的心之力量

[美]詹姆斯·R.道迪 著

晶琳 译

天地出版社 | TIANDI PRESS

## 图书在版编目（CIP）数据

走进魔法店／（美）詹姆斯·R.道笛著；晶琳译. —成都：天地出版社，2019.1（2025年11月重印）
ISBN 978-7-5455-4240-0

Ⅰ.①走… Ⅱ.①詹… ②晶… Ⅲ.①青少年－思维训练 Ⅳ.①B80

中国版本图书馆CIP数据核字（2018）第213163号

All rights reserved including the right of reproduction in whole or in part in any form.
This edition published by arrangement with the Avery, an imprint of Penguin Publishing Group, a division of Penguin Random House LLC.

著作权登记号　图字：21-2018-430

ZOUJIN MOFA DIAN

### 走进魔法店

| | |
|---|---|
| 出品人 | 杨　政 |
| 作　者 | [美]詹姆斯·R.道笛 |
| 译　者 | 晶　琳 |
| 责任编辑 | 张秋红　孟令爽 |
| 装帧设计 | 视觉共振设计工作室 |
| 责任印制 | 王学锋 |
| 出版发行 | 天地出版社<br>（成都市锦江区三色路238号　邮政编码：610023）<br>（北京市方庄芳群园3区3号　邮政编码：100078） |
| 网　址 | http://www.tiandiph.com |
| 电子邮箱 | tianditg@163.com |
| 经　销 | 新华文轩出版传媒股份有限公司 |
| 印　刷 | 北京文昌阁彩色印刷有限责任公司 |
| 版　次 | 2019年1月第1版 |
| 印　次 | 2025年11月第9次印刷 |
| 开　本 | 787mm×1092mm 1/32 |
| 印　张 | 9.25 |
| 字　数 | 148千字 |
| 定　价 | 39.80元 |
| 书　号 | ISBN 978-7-5455-4240-0 |

**版权所有◆违者必究**

咨询电话：(028) 86361282（总编室）
购书热线：(010) 67693207（营销中心）

本版图书凡印刷、装订错误，可及时向我社营销中心调换献给我的妻子玛莎,还有我的孩子珍妮弗、塞巴斯蒂安和亚历山大,你们是我灵感的源泉。

致敬露丝以及像露丝一样，不求回报传授知识和智慧的人。

**推荐序 I Foreword I**

## 这是一本放不下的好书
## A book you can't stop reading

今年 7 月上旬的一个周日,我照常七点起身,感觉有点不对劲,穿衣服时摇摇晃晃。我心知肚明,我的"大限"到了。两个月前我不慎摔了一跤,后脑着地,当时有点痛感,随后痛感渐消,我没有在意。

我立刻驾车去门诊,CT(电子计算机断层扫描)确认脑部积血,救护车马上送我到医院。美国的医生大都很专业,但病人总希望有最好的医生,我也不例外。"最好的医生"果然出现了——道迪博士。这是一位花甲之年的彪形大汉,中气十足,随和且"海派"。他说自己是一名乡村医生。我手指颤抖,无法搜索,儿子发来微信说道迪医生非常牛,是斯坦福教授、世界一流脑外科专家。女儿也发来介绍他的文章。他不但医术顶级(目前每年做 100 多次手术,著有大部头《骶骨手术》等），还是一位发明家（发明过一种能追踪大脑活动的电极，在全球销售）、企业家（帮助射波刀生产商爱可瑞公司起死回生，该公司最终以13亿美金上市）、慈善家（家产散尽时未取消慈善捐款）、投资家（是多家创新科技公司的董事），他还资助创建了斯坦福大学医学院慈悯与利他主义研究教育中心。

第二天动手术，在头盖骨上打孔，听起来很可怕，但对道迪博士这样的识途老马只是家常便饭。我在手术室昏睡了三个小时，睡前睡后都未见道迪博士身影，说明手术顺利。出手术室时，家人见我一切正常，皆大欢喜。第五天我走路已不再摇晃。道迪博士下午四点来查房说可以出院了，命我平时不可提重物。我出院后第二天即恢复每天6—8小时的工作，十天后复诊，CT显示淤血已基本消除。

看完道迪博士的书，我对他的了解进一步加深：

他12岁时在家乡的小魔法店接受一位普通但睿智的老太太露丝的教导和训练，这些技巧令他终生受用。露丝的**魔法包括：通过控制呼吸、摒除杂念和集中注意力等，放松身体、驯服思绪、打开心灵和明确意图**。读者可以遵循书中步骤试试，若能坚持，一定大有裨益。

保持初心，永不放弃。作者在12岁那年许下十个心愿，其中最主要的就是成为一名医生,后来又具体化为脑外科医生。为了达到这个目的,他克服了重重困难,终于成为顶级的脑外科专家。

书中提供了一份十分精辟优雅的"心的字母表"——C(Compassion)同情心,D(Dignity)尊严,E(Equanimity)平常心,F(Forgiveness)谅解,H(Humility)谦逊,I(Integrity)正直,J(Justice)正义感,K(Kindness)善良,L(Love)爱。曾子曰:"吾日三省吾身。"这是一张很好的检查表,对当今内心浮躁的人们非常有现实意义。

我给道迪博士回信说:"这是一本催人泪下的书,这是一本发人深省的书,这是一本励人上进的书。您用脑和心写成了这本书,译者也用脑和心翻译了这本书。我一定尽我所能,把它推荐给中国读者。"

感谢作者道迪博士和译者晶琳女士邀请我为中译本作序。

凌复华

上海交通大学物理系教授 旅美翻译家

每一次对陌生人微笑,

每一回不带评判地看待别人,

每一次对自己或他人的谅解,

每一个充满慈悲的善行,

每一份想提供帮助的意愿,

都是送给世界和自己的礼物。

**推荐序 II Foreword II**

## 心里想着哪里，箭就会射向哪里
## The arrow will follow the direction of your heart

每个人都有自己的价值，这是真的；每个人都可以掌握自己的命运，这也是真的。可是"掌握自己的命运"的路径和方法究竟是什么呢？天天喊着高调的人有一大半要沉默了。但是我们要清清楚楚地告诉大家：真的有这样的路径，这本书就是答案之一。

《走进魔法店》这本书，是 2016 年童书妈妈北京读书会的书友晶琳介绍给我们的。当时，她在联合国儿童基金会工作，负责社会心理支持相关的儿童保护项目。一次旅行途中，她在机场买了这本书的电子版在飞机上读。看到一半的时候，就被里面精彩的内容屡屡震惊。下了飞机，她第一时间就上网查询这本书和作者的详细情况。结果，确认这确实不是一部小说，而是作者真实的经历。

"老爷爷"（晶琳对作者道迪教授的亲切称呼）是专业的神经外科医生，他的书里不是心灵鸡汤式的个人感悟，而是结合了科学实验的心理学、脑科学的发现。他在斯坦福大学医学院创建的慈悯与利他主义研究教育中心，开发了慈悯心训练课程（Compassion Cultivation Training，简称 CCT），近十年来已经培训了来自十几个国家的上千名人员，包括家长、教育工作者、医护人员、临床心理学家、企业家、政府工作人员、执法人员……并且，他们也在持续观察、追踪和研究课程的效果。

晶琳跟我们说起这本书的时候，两眼放光。我们听着老爷爷神奇的故事，也心潮澎湃。我们没有想到，过了不久，自己作为出版人，真的可以在中国出版这本书，晶琳担任了翻译；我们更没有想到，后来，晶琳辞去了工作，到斯坦福大学成为了第一位来自中国的 CCT 培训师；而童书妈妈，也有了自己的"让整个家庭做好幸福和成功的准备"的万有幸福空间。

这一切，都像梦境一般。我们的命运，因为这本书，发生了神奇的变化。人生的成就，生活的幸福，到底来源于哪里？如果我说，人生的一切美好都源于一个人对自己的了解和掌控。肯定会有很多人不相信、不屑一顾，甚至嗤之以鼻。

马云谈及"阿里巴巴的创业奇迹"时说:"我们不是因为看到才相信的,是因为相信才看到的。"

只是在没人引领的人生道路上,有多少人真的可以因为相信而看到呢?

所以"了解自己、掌控自己"的路径具体是什么?在没有找出来之前,我们觉得大部分人都不会相信的。

道迪教授是个幸运儿,露西把自己从前辈那里学到的"了解自己、掌控自己、寻找自己的幸福和成功"的具体方法传授给了他。道迪从怀疑到相信,从相信到坚信,他的人生道路也因此发生了一系列奇妙的变化。作为脑外科专家,道迪教授不仅把这种路径传授给更多的人,还通过自己多年的脑科学研究找到了背后的科学依据。

读到这本书的每一个人也都是幸运的,因为这本书提供的可不是那些空洞的打鸡血式的励志话,而是一条真正发现自己的意愿、坚持自己的意念、去实现自己愿望和梦想的路径。

"励志书"的效果可谓"来得快去得也快",而这本书则需要你按部就班地去实践:一点一点放松身体;一点一点驯服思绪;一点一点打开心胸;一点一点明确意念。道迪教授花了六周的时间学习和练习这些技能,又用一生的时间去实践和领悟这些技能，他把这些统统写进了这本书。而他在斯坦福大学医学院所创建的研究中心，更是将他所领悟到的核心内容转化为更科学更系统的课程。

晶琳在斯坦福大学医学院的慈悯与利他主义研究教育中心用了近一年的时间学习和掌握如何教授这些技能，所以我们也将邀请晶琳为读者们开设更具体的指导课程，帮助大家更好地去实践。

我们并不需要把孩子都培养成"有学问、会做学问的大学教授"那样的人，我们需要培养出一个个有价值的人。这个价值，是每个人自己的价值，而不是按照某个标准所判定的价值。

所以，每个人、每个孩子，都应该有自己的梦想。如果你看了这本书，就会知道，每个梦想都有可以实现的路径。这不是魔法，而是科学和真知，其实也是常识。

在一个台湾老者的箭道课上，当我们拿着弓箭的时候，有人问："老师，请问该如何瞄准？"老师微微一笑："不用瞄准。你的心里想着要射向哪里，眼睛就看向哪里。最终，箭就会去到哪里！"

三川玲 白滔滔

儿童教育作家 出版人

前言 Preface
# 美好的事物 Beautiful Things

头皮从头骨上被剥下来的时候,会发出一种诡异的声响——很像尼龙搭扣撕开的声音。刺耳、愤怒,又带着一丝悲哀。医学院里,没有哪门课会给你讲脑外科手术过程中的声音和气味。他们真该把这些加到教学内容里。电钻钻头骨的时候,会嗡嗡作响。用骨锯把钻好的小洞连起来,手术室就会充满一种经常在夏天能闻到的锯末味。当这块头骨和硬脑膜分离时,会不情愿地发出"啵"的一声。硬脑膜包裹着大脑,这层坚韧的厚膜是大脑抵御外界的最后一道防线。用剪刀慢慢划开硬脑膜,大脑就暴露在眼前了。你会看到它正随着心跳有节奏地搏动。你仿佛能听到它的呻吟,抗议着自己的赤裸和脆弱——现在,大脑所有的秘密都展现在手术室强烈的灯光下，暴露无遗。

医院的病号服让男孩显得愈加瘦小。他在等待被推进手术室，看上去简直像要被病床吞没了一般。

"我奶奶为我祈祷过了，她也为你祈祷了。"

听到这话，男孩母亲的呼吸开始变得粗重。我知道她正努力为儿子、为自己，也许甚至还为我，让自己变得勇敢起来。我伸手轻抚着男孩的头发。棕色的毛发纤细而柔软——他还是个宝宝，甚至算不上是个男孩。他告诉我，自己刚过完生日。

"你想让我再给你讲解一遍今天要发生的事吗，冠军，还是你已经准备好了？"他喜欢我叫他"冠军"或者"伙计"。

"我会睡一觉，你会把那个丑八怪从我的脑袋里拿走，这样它就再也不能伤害我了。然后我就又会看到妈妈和外婆了。"

那个"丑八怪"是一个髓母细胞瘤(Medulloblastoma)，儿童最常见的恶性脑部肿瘤，长在后颅窝（头骨基部）。髓母细胞瘤，这个词连成年人都不容易把音发准，别提一个四岁的孩子了，不论这孩子是有多么早熟。儿童脑部肿瘤确实是个丑陋的东西，所以我也挺赞成叫它"丑八怪"的。

髓母细胞瘤是一个丑陋的异形组织，会入侵精美对称的大脑。它一般从小脑的蚓部长出，逐渐压迫小脑和脑干，最终阻断颅内液体的循环通道。大脑是世界上最美好的事物之一。能探索它的奥秘、寻求治愈它的方法，是我的殊荣。我从不敢将其视之为理所当然。

"我觉得你准备好了。现在我要去带上超级英雄面具，咱们一会儿在那个亮亮的房间里见。"

他仰着头冲我微笑着。手术口罩和手术室都可能让人心生恐惧。用超级英雄面具和亮亮的房间来指代他们，孩子就不会太害怕。思维是个有趣的东西，但我也没打算向一个四岁的孩子解释什么是语义学。在我所认识的人和治疗过的患者中，最具智慧的那些，有很多都是孩子。孩子的心是敞开的，他们会告诉你他们怕什么，爱什么，他们喜欢或讨厌你的地方。他们从不遮遮掩掩，你也永远不需要去猜测他们的真实感受。

我转身告诉孩子的母亲和外婆："手术过程中，会有医务人员来向你们通报手术进程。我预计可以彻底切除，应该不会出现什么并发症。"作为主刀医生，我并不只是在说些家属希望听到的话来宽慰她们——我确实计划做一台干净漂亮的手术，将肿瘤彻底移除，然后送一小块样本去化验室做病理分析，看看这个"丑八怪"到底能有多丑。

看得出孩子的母亲和外婆都很担心。我于是轮流握住她们的手，尽量给她们信心和安慰。这从来都不是件容易的事。从宝宝早上的头疼，到最后演变成所有家长最恐惧的噩梦。母亲信任我，外婆信任上帝，而我信任我的团队。

为挽救这个孩子的生命，我们将并肩而战。

当麻醉师让孩子沉沉睡去后，我把男孩的头放进抵住头骨的头架，将他放置到俯卧姿势，然后拿起了理发器。准备手术区域一般是护士的工作，但我更愿意自己动手给患者剃去头发。对我来说，这是个仪式。我慢慢地剃着头发，想着这个宝贝孩子，在脑海中把手术的每个细节又过了一遍。我把剪下的第一撮毛发递给手术室的巡回护士，让她收在一个小口袋里，一会儿交给孩子妈妈。这是小家伙第一次剃头发。虽然现在他妈妈一定顾不上想这些，但我知道将来这会对她很重要。这是个值得纪念的里程碑。第一次剪发，第一次掉牙，第一天上学，第一次骑自行车。不过，第一次脑部手术可真不该出现在这张清单里。

我轻柔地剃去细软的浅棕色头发，希望着我的小病人以后能经历所有这些"第一次"。在我脑海中，我看到他张开嘴笑着，嘴里缺了两颗门牙；我看到他斜背着一个几乎跟他一样大的书包，走进幼儿园；我看到他第一次骑自行车——第一次自由驰骋，脚下蹬得飞快，头发在风中乱舞。给他剃头发的时候，我也想到了自己的孩子们。所有这些第一次的场景和画面在我脑海中如此清晰，我完全看不到能有任何其他可能。我不想看到未来的画面中有反复到医院就诊，不想看到有癌症治疗、后续手术。一旦曾经患过儿童脑部肿瘤，孩子将需要被密切观察，但我绝不要看他过去的样子再出现在他的未来中：恶心呕吐、摔倒、在凌晨哭喊着要找妈妈，因为脑子里的"丑八怪"压迫了大脑，带来难忍的疼痛。生活中已经有太多能让人心碎的事了，不需要再加上这些了。我继续轻柔地剃着头发，留出手术所需的面积。我在头骨底部，一会儿要做切口的地方做了两个记号，然后画了一条直线。

脑部手术本身就很困难，后颅窝部位更难，而要在这么小的孩子身上做手术，更是难上加难。这颗肿瘤很大，手术会很煎熬、很缓慢，必须极其精准。我的眼睛要以小时计地通过显微镜死盯着一个地方。外科医生都被训练得能在手术过程中，关掉自身的生理机能反应。我们不用上厕所，不用进食，可以完全忽略腰酸背疼和肌肉痉挛。我记得第一次进手术室，是要协助一位著名的外科医生。她很出名，不仅因为技术精湛，还因为她在手术室里极其傲慢和易怒，简直像个歌剧女主角。我当时诚惶诚恐。当我在手术室里站在她身边的时候，脑袋一个劲儿地冒汗，我戴着口罩，呼吸粗重，呵气模糊了眼罩，我完全看不到手术器械和病人的手术区域。我努力了这么多年，克服了这么多障碍，今天终于能如愿以偿地站在这儿参与手术了，结果我却什么都看不见！不可思议的事发生了：一滴汗珠滚过我的面颊，滴入了无菌区。那位外科医生顿时暴怒。这本来是我生命中的一个大日子——我第一次走进手术室，结果却以污染手术区域、被踢出手术室而告终。这经历实在是太令人难忘了。

而今天的我，前额凉爽，视野清晰。我的脉搏缓慢而沉稳。丰富的经验带来了这样的变化，而在我的手术室里，我决不是个独裁的暴君，更不会是易怒的歌剧女主角。团队里每位成员都很重要，都不可或缺。大家各司其职。麻醉师严密监测着孩子的血压血氧水平、意识状态、心律。外科护士随时在查看手术器械和药物供给的需求，确保我随时伸手就能拿到所需要的物品。孩子头部下方悬挂着一个大袋子，用来收集血液和冲洗液。袋子上有根管子连接着一个大型吸泵，有机器会不断给这些液体称重，这样我们就能掌握病人的失血情况。

协助我的是一名培训中的高级住院医师，第一次加入我的团队。但他也和我一样，聚精会神地专注在血管、脑组织，以及移除肿瘤的每一个细节上。我们不会惦记明天要干什么，也不会琢磨医院里的钩心斗角，更不会去想自己的孩子或者家庭矛盾。我们必须高度警觉，心无旁骛，这种状态有点类似冥想。我们训练思维，而思维训练身体。当你身处一个很棒的团队，你会发现过程极其流畅，所有人完美同步。大家的身心在共同工作中形成了一个和谐的智慧体。

我开始移除最后一点肿瘤。这最后一点肿瘤紧贴在大脑深处一根主引流静脉上。后颅窝部分的静脉系统极其错综复杂，我正在小心地移除最后一块肿瘤，我的助手在吸出周围液体。忽然有那么一秒钟，我的助手分了一下神。然而就在这一秒，他吸液的动作碰破了静脉。一瞬间，整个世界都凝固了。

瞬间万物崩塌。

血液从破损的静脉中奔涌而出，很快充满了切除腔，开始从这个美丽的小家伙头上的手术部位向外流淌。麻醉师大声呼喊，孩子的血压陡然下降，很快就会撑不住的。我必须夹住静脉阻止失血。然而静脉此时已经缩进了血池之中，我根本看不到它在哪里。只靠我一个人手中的吸液器无法控制场面，而我的助手现在已经手抖到根本没办法再给我提供任何协助。

"他的心跳停了！"麻醉师大喊。孩子是俯卧着的，头还固定在头架里。麻醉师迅速爬到手术台下面，一手放在孩子背部，另一只手开始按压胸部，努力想让孩子的心脏再次搏动。液体大量冲进输液管。心脏最关键、最重要的任务就是泵压血液，而现在这个让身体其他部位能得以运转的神奇压泵停止了工作。就在我面前的手术台上，这个四岁男孩正在因为失血走向死亡。麻醉师按压孩子胸部的同时，鲜血依然不断地注满切除腔。如果不能控制住出血，孩子肯定会死去。大脑需要消耗心脏输出总血流量的15%，心脏一旦停止跳动，大脑顶多能再撑几分钟。大脑需要血液，更重要的是，大脑需要血液所携带的氧气。在脑死亡之前我们没有多少时间了——它们是互相依存的——大脑和心脏。

我疯狂地试图夹住静脉，但在一片血泊之中，根本看不到血管的位置。孩子的头被固定在头架上，但依然会随着麻醉师对胸部的按压而微微移动。所有人，包括我在内，都清楚我们剩下的时间不多了。麻醉师抬头看着我，我看到他的眼睛里已经写满了恐惧……我们可能要失去这个孩子了。心肺复苏术（CPR）就好比要重启一辆离合器挂在二档的汽车——并没有那么可靠，尤其在持续失血的情况下。我简直是在闭着眼睛操作。于是，我打开了自己的心，接受一切超越理性、超越技术的可能性，开始运用我在几十年前学到的一项技巧。这不是医学院里教的，也不是住院医师项目培训的，而是我在加利福尼亚沙漠中，一间小小魔法店的后屋里学到的。

*我排除了杂念。*

*我放松了身体。*

我想着那条缩在血泊中的血管。我可以在头脑中看到它叠错在这个小男孩儿的神经血管网络里。我在完全不依赖视觉的状态下，探入这片神经血管区域，我深知生命中有太多无法用肉眼看到的东西，我相信我们每一个人，都有能力完成我们无法想象的奇迹，命运就掌握在我们自己的手中。而今天，我绝不接受这个四岁男孩将要死在这张手术台上的命运。

我把张开的止血夹伸入血泊之中，合上。然后慢慢把手抽回。

血止住了。接着，我仿佛听到从远方天际传来的、心跳监测仪的信号声。起初它微弱而不规律，但这声音很快就变得有力而沉稳，就像所有恢复搏动的心脏会经历的过程一样。

我感到我自己的心跳也开始和心跳监测仪上的信号共振起来。

等会儿手术结束后，我就能把孩子第一次剪下来的头发剩余那部分交给他妈妈，而我的小伙计从麻醉中醒来的时候，就已经是一名儿童脑部肿瘤的幸存者了。他将能过上正常的生活。再过48小时，他就又能开口说话、开怀大笑了。而我终于可以告诉他，那个"丑八怪"已经滚蛋了。

**CONTENTS**　　目录

PART ONE　　**第一部分**
走进魔法店
Into the Magic Shop

① 真正的魔法　/2
Real Magic

② 放松的身体　/15
A Body at Rest

③ 驾驭思绪　/46
Thinking About Thinking

④ 成长之痛　/69
Growing Pains

⑤ 三个愿望　/94
Three Wishes

PART TWO  **第二部分**
**大脑的奥秘**
The Mysteries of the Brain

**6**

付诸实践 /120
Apply Yourself

**7**

不可接受 /139
Unacceptable

**8**

并非脑部手术 /164
It's Not Brain Surgery

**9**

虚无之王 /192
The Sultan of Nothing

## PART THREE

## 第三部分
心的奥秘
The Secrets of the Heart

### 10
舍得 /208
Giving Up

### 11
心的字母表 /221
The Alphabet of the Heart

### 12
慈悲的智慧 /237
Manifesting Compassion

### 13
神的面庞 /250
The Face of God

Acknowledgments
Postscript

致谢 /259
译后记 /263

# PART ONE
# Into the Magic Shop

## 第一部分
# 走进魔法店

# 1
# 真正的魔法 Real Magic

*加利福尼亚州，兰卡斯特市，1968 年*

发现大拇指不见了的那天，是在我将要升入八年级的夏季，和其他的日子也没什么不同。我整天骑着自行车在镇上游荡，即便太阳把金属车把烤得像炉子一样烫手。我嘴里总能尝到一股土腥味——那是一种掺杂着沙砾和杂草的味道，让我联想到在沙漠的高温烈日中奋力求生的金花矮灌木和仙人掌。家里没钱，我常常挨饿。我不喜欢挨饿，也不喜欢贫穷。

兰卡斯特最著名的事件，是二十多年前一个叫查克·叶格（Chuck Yeager）的人，在爱德华空军基地打破了音速。在这里，飞机一天到晚都在头顶上飞，一般是在训练飞行员或进行飞机测试。我常常畅想查克·叶格在那个遥远的三月一日，驾驶着贝尔 X-1 战斗机完成第一次超音速飞行的时候，他心里会是什么感觉。当他以从未有人达到过的速度，翱翔在四万五千尺高空的时候，兰卡斯特在他眼里，会是多么的渺小和荒芜。即便我蹬着自行车，脚踏板离地面只有一尺高，我也能看出兰卡斯特有多小多偏僻了。

清晨我发现大拇指不见了。我床底下藏着一个木盒，里面装着所有我最引以为傲的财产：一个小笔记本，上面记了一些随笔、几篇秘密的诗稿，以及我学到的一些冷知识——比如全世界每天有 20 家银行被抢劫，蜗牛一觉可以睡三年，以及在印第安纳州给猴子递香烟是违法的。木盒里还有一本很旧的戴尔·卡耐基（Dale Carnegie）的著作《如何赢得友谊及影响他人》。书里介绍的让别人喜欢你的六种方法那部分，已经快被我翻烂了。我现在还可以凭记忆想起这六条：

真心关注他人。

微笑。

要记得，对任何人来讲，自己的名字永远是世界上最美妙、最重要的词句。

做个出色的倾听者，鼓励他人谈论自己。

谈论对方感兴趣的话题。

让别人认为他们自己很重要，而且要诚心诚意这样做。

每次和别人说话的时候，我都试着按这些方法去做，不过我微笑的时候一定会合上嘴。因为小时候有一次我摔倒的时候，磕到了咖啡桌的桌角，磕掉了两颗门牙。这个跟头导致我后来长出来的门牙有点歪，而且颜色发棕发黄。我爸妈没钱带我去看牙医。微笑的时候露出七扭八歪的黄板牙让我觉得很难为情，所以我总是笑不露齿。

除了书和本子，木盒里还装着我所有的魔术道具——一副做了记号的扑克牌，几个带有机关、能从五分变成一毛的硬币，以及我最引以为豪的宝贝：一个可以藏进一条丝巾或一根香烟的塑料大拇指。卡耐基的书和这些魔术道具对我来说都意义重大——它们是爸爸给我的礼物。我花了大量的时间练习那个大拇指魔术，学着如何把它藏在手心，不能太显眼，然后如何灵巧地把丝巾或是香烟塞进去，能让它们看起来像魔法般消失。我的表演已经成功地骗过了公寓里的邻居和小伙伴。可现在我的塑料大拇指消失了，无影无踪，人间蒸发。这实在让我很不开心。

我哥哥跟平常一样不在家中。但我琢磨会不会是他把我的大拇指拿走了，或者至少知道它在哪儿。我不知道哥哥每天都去哪儿，但我决定骑上车去找他。那个大拇指是我最自豪的宝贝，没有它我什么都不是。我得把我的大拇指找回来。

我骑着车穿过只有一排商店的I大街。一般我不会走这里，因为除了这排商店以外，这条近一英里的街就没什么别的了，道路两旁到处都是杂草和铁丝网。我看到小市场前有一群年龄大点的男孩，但我哥哥没跟他们在一起。我松了口气。如果看到我哥哥和一群孩子在一起，通常他一定是正被欺负的那个，我就得跑过去干场架来保护他。哥哥比我大一岁半，但个子比我小些，而那些小流氓就是爱拣没有自卫能力的人欺负。紧邻着小市场的是一家验光配镜的，再过去则是一家我从没见过的商店——仙人掌兔子（Cactus Rabbit）魔法店。我在这一排商店前面的人行道上停了下来，隔着停车场望着那家商店。商店门面是五块落地玻璃，最左侧是扇玻璃门。阳光反射在沾满灰尘的玻璃上，看不清店里有没有人。但我还是推着车走到了门口，心中暗暗希望它在营业中。我想看看他们有没有塑料大拇指卖，要是有的话，要卖多少钱。我身上没钱，不过反正看看也不要钱。我把自行车靠在店门口的柱子上，又偷瞄了一眼小市场前面那群流氓。他们应该没有注意到我和我的自行车，于是我放心地把车留在那里，推开了商店的门。第一下，门没被推开，但突然，好像有魔法师挥动了一下手中的魔杖一般，门轻轻地滑开了。我踏进门，头顶传来几下铃铛的响声。

映入眼帘的是一排长长的玻璃柜台，里面摆满了各种扑克、魔杖、塑料杯还有金币。墙边摞着沉沉的黑箱子，我知道那些是用来做舞台表演的道具，还有一个大大的书箱，装满了与魔术和幻象相关的书籍。墙角竟然还立着一个迷你断头台，还有两个用来把人锯成两半的绿箱子。有位老太太正坐在那看书，她有褐色的卷发，眼镜架在鼻尖上。她忽然微笑了一下，眼睛却没离开手上的书。随后她摘下眼镜，抬起头，目光直接望向我的眼睛。从来没有任何一位成年人曾经这样看过我。

"我叫露丝。"她说，"你叫什么名字？"

她的微笑那么饱满，她褐色的眼睛如此慈爱，我无法控制地回报以微笑，完全忘了我丑丑的黄板牙。

"我叫吉姆。"我回答道。其实就在这一刻之前，我一直还都是被叫作鲍勃的。我的中间名是罗伯特,但我也记不起自己为什么被称为鲍勃了。但不知为何,当她张口问的时候,我的回答是"吉姆"。而自此之后,我一生都用着这个名字。

"好啊,吉姆,我很高兴你能进来。"

我不知道说什么好,而她则继续看着我的眼睛。终于,她叹了口气,但这更像是一种开心的叹息,而不是伤心的那种。

"有什么我能帮你的吗?"

我的大脑瞬间一片空白。我完全忘记了进店是要干什么。那种感觉就好像是你坐在椅子上往后仰,突然在椅子要失去重心摔倒前的那一瞬间,又赶紧坐正一样。露丝微笑地看着我,很耐心地等待我回答。终于,我蹦出了几个词。

"我的大拇指。"我说。

"你的大拇指?"

"我的塑料大拇指不见了。你这里有卖的吗?"

露丝看着我,耸了耸肩,好像完全不明白我在说什么。

"是变魔术用的。一个魔术道具。你知道的吧,就是那种假的拇指,塑料做的大拇指尖。"

"我告诉你个秘密吧。"露丝说,"我对魔术一窍不通。"

我环视了一下周围千奇百怪各式各样的魔术道具,再看看露丝,她满脸的惊异。"这是我儿子的店。不过他现在不在店里。我只是坐在这儿看书,帮他看店,等着他办完事回来。我对魔术道具和你说的塑料拇指尖真是一无所知,实在是抱歉了。"

"哦,没事,我就是随便看看。"

"当然!你尽管看吧,要是找到了你想要的东西,随时告诉我!"露丝笑了起来。我不知道她在笑什么,不过她真诚的笑容没来由地让我心里感觉很舒服。

我东看看,西看看,店里有好多的纸牌、道具,还有魔术书籍。这里甚至有一个陈列盒,里面装的满满的都是塑料大拇指。我能感觉到露丝的目光追随着我。但她的凝视,和我家旁边那家杂货铺店主对客人的盯梢完全不同。我每一次去那家杂货铺,都能感受到店主猜忌的目光。他肯定认为我会偷他的东西。

"你就住在兰卡斯特?"露丝问。

"是的。"我回答,"但是我住在镇的那一头。我刚才只是骑车在周围转转,想找我哥哥,路上看见这家店,就想进来逛逛。"

"你喜欢魔术吗?"

"我爱魔术!"我说。

"你爱魔术的什么呢?"

我本想说因为魔术特别酷又特有趣,但是当我张开嘴,却说出了另一番话:"我喜欢能通过练习把一件事玩儿得特别熟练。我喜欢一切尽在掌握之中那种感觉。我自己才是决定魔术成败的关键,别人说什么、想什么都无所谓。"

露丝没有说话。我突然之间觉得很不自在,自己怎么一下子说了这么多。

"我明白你说的这种感觉。"露丝说,"给我讲讲你那个拇指戏法吧。"

"是这样的,你把那个道具拇指尖套到大拇指上,观众就会以为这是你的大拇指,不过你还是得遮掩一下,不然要仔细看的话,这个塑料拇指其实还挺假的。这个塑料拇指中间是空心的,你可以把它从一只手的拇指上移到另一只手的手心里。就像这样。"我演示了一个魔术经典动作——用一只手抓住另一只手,然后滑动手指,"看,这样拇指尖就悄悄地转移到另一只手里了。这时候你可以往塑料拇指里塞一小块儿丝巾,或者一支香烟。然后重复刚才手的动作,把拇指尖套回到另一只手的大拇指上。看起来就好像你用魔法把那些东西变没了,其实你只是把它们藏起来了而已。当然你也可以把这个戏法儿反过来做,就好像你能凭空变出来一些小东西一样。"

"明白了。"露丝说,"你练习魔术多久了?"

"好几个月呢。我每天都练,有时候几分钟,有时候我能练一小时,但我每天都练。虽然有说明书,但一开始也挺难练的呢。不过熟能生巧嘛,其实谁都能学会魔术的。"

"这个魔术听起来不错嘛,而且你还能坚持练习,真是太棒了!不过你知道魔术为什么能成功吗?"

"什么意思?"我问道。

"你觉得人们为什么会被这个戏法儿骗到?你刚才也说那个塑料大拇指近看其实挺假的,那为什么人们还是会上当呢?"

露丝突然严肃起来,似乎她真的想向我讨教一些东西。我对别人,尤其还是一位成年人,邀请我来解答或教授什么东西这件事,还挺不习惯的。于是我认真地想了一分钟。

"我想这是因为魔术师的表演天衣无缝,才能骗到观众。观众没能看穿这些戏法儿,是因为魔法师在变魔术的时候分散了观众的注意力。"

露丝笑了起来:"分散注意力。这真说到点子上了!你真是很有智慧。你想听听我为什么觉得这个魔术能奏效吗？"她在等待我的回答。那种奇怪的感觉又来了，从没有大人在跟我说话前还要征求我的同意。

"请讲！"

"我觉得魔术之所以能奏效，是因为人们往往只会看到他们'以为'在那儿的东西，而不是真实存在的东西。人的意识是个有趣的东西。这个大拇指魔术之所以能成功，是因为意识会让我们看到自己期待看到的东西。我们期待看到一只真的大拇指，所以我们就看不到它有多假。大脑虽然一刻不闲，但它其实也很懒。而且确实正像你说的那样，观众的注意力被分散了，这也是魔术能成功的原因之一。但人们的注意力其实并不是被魔术师的手法所分散的。大部分坐在那里的观众，本来就不是真的在关注魔术表演。他们也许在后悔昨天犯的错，要不就是在担心明天要发生的事。所以从一开始，这些人的心其实根本就没在魔术表演现场，又怎么能发现一个小小的塑料大拇指呢？"

我其实并没完全理解露丝的话，但还是点了点头。这些话我得回去琢磨琢磨，等会儿得在脑袋里重放一遍，才弄得出个所以然来。

"你别误会，我也相信魔术的，但并不是那种需要道具、技巧或者手法的魔术。你知道我说的是哪种魔术吗？"

"不知道。不过听起来挺酷的。"我回答说。我希望她能多讲一些。我喜欢这种能和一个人进行一场真正的对话的感觉,这让我感觉自己受到了重视。

"你玩过用火来表演的魔术吗?"

"在大拇指那个魔术里,你也可以藏一根点燃的香烟。不过我没试过。点燃香烟就需要用火。"

"想象一下,你能将一颗微弱的小火苗,变成巨大的火焰,一个大火球。"

"听起来简直太棒了!怎么才能做到呢?"

"我说的就是这种魔术。而且只需要用一样东西,你就可以把小火苗变成大火球——用你的意识。"

我其实完全不明白她在讲什么,但是我真是太喜欢这个主意了。我很崇拜那些能用意识催眠观众、让勺子弯曲、令物体悬浮的魔术师。

露丝拍了拍手。

"我喜欢你,吉姆。我非常喜欢你。"

"谢谢。"听到她这么说,我很开心。

"我在这个镇上只待六周。但要是你能承诺在这六个星期里,每天都过来学习,我就可以教给你一些魔法。这可不是什么能在商店里买到的魔术技巧,它真的能帮你实现你的愿望，让你想要的都真真切切地发生。不需要骗人，不需要塑料大拇指，也用不着玩什么手法。你觉得怎么样？"

"可你为什么想教我呢？"我问她。

"因为我知道怎样能让一朵小火苗燃成燎原之火。以前有人教会了我，我想，现在是教给你的时候了。我看得出来你很特别。我向你保证，如果你每天都来学习，一天都不缺席，你也能学会这种魔法。不过，过程会很辛苦，你需要非常努力地反复练习，可要比练习拇指戏法辛苦多了。但是我保证，我教给你的东西，会彻底改变你的生活！"

我一时语塞。从来没有谁把"特别"这个词用在我身上过。况且我清楚，如果露丝知道我和我的家境，她肯定不会觉得我有任何特别之处的。

我说不清自己当时是不是真的相信她能教给我"想变什么就有什么"的魔法，不过我很渴望能像今天这样继续和她对话。在她身边让我从里到外都感到舒服。我觉得很快乐，简直有点像被爱着的那种感觉。我知道这么说很奇怪，毕竟她只是头一次见面的陌生人。她看起来就像是任何人的祖母，除了她的眼睛。那眼神充满了神秘、深邃和冒险。反正整个夏天我也无处可去，而眼前这位老奶奶愿意教我一些能改变我一生的东西。这真诡异。我不知道她有没有在忽悠我，但反正我又没什么可损失的。我感受到了希望。已经很久没有什么值得我期待的事了。

"吉姆，你觉得怎么样？准备好学点真正的魔法了吗？"

就从这个简单的问句开始，我的生命轨迹被彻底改变了。

# 2
## 放松的身体 A Body at Rest

自有人类文明以来,"人类的智慧和意识从何而来"就一直是个谜。公元前 17 世纪,古代埃及人相信心是智力之源。在古埃及,人死后,心脏会和其他器官一起被供奉并保留在遗体内。他们觉得大脑毫无价值,所以会先用钩子伸入鼻腔,把脑髓挖出来丢弃,然后开始制作木乃伊的程序。到了公元前 4 世纪,亚里士多德认为,大脑是用来冷却血液的:因为有了大脑,人类才能比其他"热血"的兽类更为理智(人类的大脑比其他动物大很多)。人类花了五千年的时间,才推翻了之前的认识,看到大脑的重要性。头部在意外事故或战争中受伤的人,往往会出现思维或行为上的障碍,这才使我们逐渐明白大脑在人体机能中的核心地位。虽然我们已经掌握了大脑的解剖结构和一些功能,但对大脑的了解依然非常有限。事实上，在整个 20 世纪，人们都相信大脑是固化、静止、一成不变的。现在我们已经知道大脑其实具有极强的可塑性，它可以去改变、去适应、去转化。成长经历、反复训练和个人意愿都可以塑造大脑。在过去几十年间，得益于科技的飞速发展，我们目前已经能看到大脑在细胞、基因，甚至分子层面的转变能力。更令人叹为观止的是，我学到的知识告诉我，我们每一个人都有能力改变自己的脑神经回路。

我人生中第一次改变脑神经回路的体验，是露丝给我带来的，就发生在那家魔法商店的后屋里。当时我只有 12 岁，自然意识不到这些。但在那六周的时间里，她重塑了我的大脑。而她在我身上做到的，是在当时大多数人都认为不可能的事。

我没告诉任何人我打算每天去魔法店的事，反正也没有人问我。夏天的兰卡斯特像是炽热烈风中的炼狱，炎炎夏日不知什么时候才是个尽头。这种天气让人感到很烦躁，我总觉得应该做点什么，但其实又无事可做。我们住的小公寓周围只有夯土和风滚草。单调的风景偶尔变化，也就是突然多出一辆报废的汽车，或是几块被遗弃的破铜烂铁。只有这些不被需要的东西，才会被丢在这个没人注意的地方。

儿童和成人一样，都需要稳定和可以依赖的环境才能有最好的表现。我们的大脑渴望这两样东西。但在我家里，这两个都是稀罕物。家里没有固定用餐时间，没有闹钟叫我起床上学，什么时候上床睡觉也随便。当我妈妈的抑郁症状有所缓解、能下床的时候，也许会做一顿晚饭，当然前提是家里还有食物可做。而在其他时候，我就必须要饿着肚子上床，要不就去朋友家玩，希望他们能邀请我留下来吃晚饭。那时我觉得自己还挺走运的，因为我不像其他朋友那样总得按时回家，我都是很晚才回家。因为我知道，要是回家太早，很可能会看到父母吵架，或是什么其他会令我希望我不在那里、我不是我自己的事。有时候我真想有人来支使我，支使我做任何事都可以。因为那样至少证明还是有人重视你的。当然也并不是完全没人重视我，只不过我周围的人都各自沉浸在他们自己的痛苦中，无暇顾及我的存在。我的幸运是假装的，假装自己因为没人管而开心——没人叫我做功课，没人催我起床上学，也没人强迫我穿什么样的衣服。但这只是自欺欺人而已。青春期的孩子确实渴望自由，但那自由必须建立在安全和稳定的基础之上。

露丝让我上午 10 点到魔法店。第一天我醒得很早，有种生日和圣诞节赶到一块儿的兴奋感。前一晚我就没睡多少。我不知道露丝今天要教我什么，其实我也并不在乎。我只是很想继续和她聊天，而且有地方可去也让我开心极了。这让我觉得自己被人关注。

第一天，我依旧是骑着橘红色的魔鬼鱼（Schwinn Stingray）自行车前往魔法店。当我还坐在白色香蕉型车座上的时候，就已经可以透过窗户看到露丝了。之所以记得这么清楚，是因为那辆自行车是我当时拥有的最值钱的东西，夏天里我头顶烈日剪了无数草坪，才赚够钱买到这辆车。我下车，看到露丝系了条宽宽的蓝头带，把她齐肩的棕色头发挡在了脸颊旁边。她的眼镜用眼镜链挂在了脖子上。她的裙子像我们在美术课上穿的围裙，裙子的颜色像极了兰卡斯特的清晨，那种浅浅的淡蓝夹着些许白色横纹。每天早上我醒来的第一件事，就是透过窗户去望天。蓝色的天空总能让我莫名感觉充满希望。

露丝给了我一个灿烂的笑容，我也微笑起来。但我能感觉到自己的心跳得飞快，不光因为刚刚骑过车，还因为我不知道接下来会发生什么，更不明白这一切为什么会发生。整个事情昨天听起来是个不错的主意,今天一早,当我骑着自行车穿过长满风滚草的空场时,感觉也比平时漫无目的的闲逛要好得多。但此刻,我其实并不那么确定。

我这是要去干什么?万一我脑子不够聪明,根本学不会她要教给我的魔法怎么办?要是她打听到了我家里的真实情况怎么办?万一她其实是个疯子,打算把我绑架到沙漠里杀掉,然后用我的尸体施黑魔法怎么办?前一阵刚看过一部叫《女巫》(*Voodoo Woman*)的电影,我开始担心万一露丝可能是个邪恶的魔法师,要把我变成一个受她意志控制的怪兽,来帮她征服世界。

我的胳膊开始感到无力。本来已经推开了一半的门突然变得沉重起来。我顶着门杵在那里,回头看看我那辆倒在地上的自行车,还有商店旁空荡荡的停车场。我到底在干什么?为什么我会答应来这里?现在赶紧骑上车,头也不回地跑掉也许还来得及。

露丝微笑着叫了我一声:"吉姆,真高兴见到你!刚刚我还真有点担心你不会来了呢。"她像祖母那样点了点头,招手示意我进去。我的内心突然充满温暖。她看起来不像是个会毁掉我的邪恶巫师。

我继续推门,这扇门剩下的部分很容易就滑开了。

"你从街上骑过来的时候速度可真够快的,像是有人在后面追你似的。"我踏进门的时候,听到露丝这样说。我的确常常觉得有东西在后面追我,虽然我并不清楚到底追我的是什么。

我的脸瞬间就红了。也许她看到了我刚才的犹豫和恐惧,也许她有透视眼能洞悉我的想法。我低下头,看着脚上的旧球鞋。右脚的鞋顶上有个小洞,我尴尬得不得了,赶紧用力地把脚趾蜷起来,希望这样露丝就不会发现那个洞。

"这是我儿子尼尔,他是位魔术师。"要是露丝已经注意到了我鞋上的洞,她掩饰得确实很好。

尼尔看起来完全不像一名魔术师。他戴着一副大大的黑框眼镜,有着和他母亲一样的棕色头发。他看起来太普通了,没戴魔术师帽,没穿斗篷,也没留小胡子。

"我听说你很喜欢魔术。"尼尔的声音低沉且缓慢。他面前的玻璃柜台上摞着有五十副扑克牌。

"是的,魔术挺酷的。"

"会玩纸牌魔术吗?"尼尔打开其中一副,开始洗牌。那些纸牌在他两手之间翻转飞舞,从左手飞到右手,从右手飞到左手,在空中旋转。我真希望能学会这样洗牌。尼尔停了下来,把整副牌平铺在我面前。

"来挑张牌。"

我看着这排纸牌。有一张略略伸出了一点。我猜他肯定故意想让我选这张,于是从右边挑了张其他的牌。

"别让我看到是什么牌。现在把牌面朝向你自己,翻开看一眼。"

我低头扫了一眼纸牌,就把它紧紧贴在胸口,以免哪里会有块镜子能把它照到。这是一张黑桃皇后。

"现在把这张牌面朝下放回到这副牌中间,然后你来切牌,随便你用任何方式把牌洗开。来吧。"

尼尔把整副牌递给我。我开始洗牌。虽然不能像他之前做得那么酷,但是我能把牌切好洗好。

"再洗一次。"

我又洗了一次牌。这次完成得略好一些,我能把纸牌叠得更整齐了。

"现在来洗第三次。"

这次我想起来把手拱起来,带着纸牌也拱起来,这样洗的时候,两手的纸牌就像齿轮一样一张张合到了一起。

"做得好。"我把纸牌递还给尼尔。他就开始一张张面朝上翻牌。每翻几张牌,他就会拿起一张说:"这不是你刚才选的牌。"直到他翻开了黑桃皇后。

"就是这张。这是刚才你选的牌。"尼尔炫耀地在我面前挥了挥这张牌,然后把它面朝上放到了我的面前。

"太厉害了!"我笑着说,心里使劲儿琢磨他是怎么知道的。我把那张黑桃皇后翻到背面,仔细检查纸牌的四角,看看有没有折痕或者记号。什么都没有。

"你知道这张牌上的人是谁吗?黑桃皇后代表哪个历史人物?"

我努力回想在历史课上听到过的皇后名字,能记起来的只有一个:"伊丽莎白女王?"

尼尔笑了起来:"要是这是一副英式纸牌,你的答案可能是对的,但这是副法国纸牌。法国纸牌里,每个'皇后'都代表着一位历史上或者神话里的女性。红桃皇后是朱迪斯(Judith),方片皇后是蕾切尔(Rachel),她们两位都是《圣经》中的人物。梅花皇后代表阿金尼(Argine),我倒真不知道她的典故,不过阿金尼这个名字是由'瑞金娜'(Regina)的字母重组而来的,而'瑞金娜'在拉丁语里,是'女皇'的意思。至于你的这张牌,黑桃皇后,代表的是希腊女神雅典娜。雅典娜是智慧女神,也是希腊神话中所有英雄的伙伴。要是你想成为一名英雄,一定会希望有雅典娜陪伴在你身边。"

"那你是怎么知道我选的就是这张？"

"你知道，魔术师是不能向外人透露魔术秘密的。不过鉴于你是来这里学习的，我想我应该能告诉你秘诀在哪儿。"尼尔把纸牌翻过来，接着说，"这副牌是做了记号的。你看，表面上这就是一副很普通的单车牌扑克。但你仔细看这里，最下面这个像朵花的图案，八瓣花瓣环绕着花心，而每片花瓣其实代表数字 2 到 9，花心代表 10。再看这边，这四个转轮则代表了牌是什么花色。"他指着花朵旁边另一个设计图案讲解说，"当魔术师给纸牌做记号的时候，我们在某个花瓣，或者一个花瓣和花心上进行标记，就可以表示 J、Q、K。如果没有标记，那这张就是 A。另外在转轮上做好记号就可以知道花色。所以现在你再看刚才那张牌，可以看到记号在哪了吧，花心和第三个花瓣上都有标记，说明是张皇后。再来看，这里的阴影就表示它的花色是黑桃。"

我仔细研究这张纸牌。做标记的阴影极浅，如果我不知道自己要找的是什么样的记号，压根儿看不出来。

"这确实得花点精力来学，不过一旦记住了，就能很快认出是什么牌。"

我看了看柜台上摆着的其他扑克，问道："这些纸牌都是做了标记的？"

"不是。这些是使用在别的魔术表演里的纸牌。梯形牌、长短牌、集合牌、强选牌,我还有一副脑电波心灵感应牌。我自己做的。纸牌魔术是我的专长。"

我听说过集合牌,在这些牌里会出现方块十三,或是死掉的黑桃国王,或者印了个小丑举着观众抽中的那张纸牌。但我了解的仅限于此。其他那些纸牌连名字我都没听过,都显得很神秘。梯形牌?脑电波牌?我完全猜不透它们可能是什么样子的。但我不想在尼尔面前显得太过无知。

"你知道吗,二战时候在德国曾经印过一种特殊的扑克,专门供给关押的战俘。每一张牌都可以撕开,里面藏着一小片地图。只要把这些小块儿的地图凑齐,就能拼出一条越狱的路线。你看,这才是最棒的魔术。"

尼尔将黑桃皇后放回那套标记好的纸牌里,然后把整副牌递给我:"归你了。这是送你的礼物。"

我接过那副牌,从没人给过我任何免费的东西。"谢谢!"我说,"太谢谢你了。"我暗自发誓要把这副牌的标记全背下来。

"我妈妈跟我说,她会教你一些很酷的魔法。"

我笑了笑,不知道该怎么回答。

"她的魔法可比我店里这些高级多了。"尼尔随手一挥,指向店里的魔法道具,"她的魔法可以帮你得到任何你想要的东西,就像是拥有了那个藏在瓶子里的精灵。她能帮助你找到那个藏在你脑袋里的精灵。只是许愿的时候要小心。"

"我能许三个愿望?"我问。

"哦,那可不止,你想许多少愿望都行,但是你需要经过刻苦的练习。学习我妈妈的魔法,可比学这些纸牌魔术难多了,虽然表面上可能看着挺简单。我可是练习了相当长的时间才学会的。记住,你得非常留心地听她跟你讲的每一句话。这事儿没有捷径,你得严格遵循她教你的每一步。"

我向尼尔点点头,把纸牌收进衣服口袋里。

"现在我妈妈会带你去后面的房间。我们店的后面是间小办公室。切记,要按照她告诉你的去做。"尼尔抬头看着露丝,微笑了一下。

露丝拍了拍儿子的胳膊,转过头来看着我说:"来,吉姆,我们现在就开始吧。"

她走向商店后面的那扇门,我跟了过去,心中依然充满着疑惑。

店后面的办公室光线很昏暗,闻起来还有些霉味。屋子没有窗户,里面只有一张褐色的旧桌子和两把铁椅子。地上铺着褐色粗毛地毯,顶到墙边的地方微微翘起,像是沿着墙长了一圈矮矮的棕色小草。屋里看不见任何魔术道具,没有魔杖、塑料杯、纸牌,更没有魔术帽。

"坐下吧,吉姆。"

露丝和我分别在一张铁椅子上坐下来。我们面对着面,彼此的膝盖都快要碰到一起了。我的右腿上下抖动,我一紧张就会这样。我是背对着门的,但是我很清楚门的位置,脑袋里偷偷算计着从这里跑到我的自行车那儿大概要多久,以备不时之需。

"我很高兴你今天能来。"露丝面带微笑地看着我,让我感觉放松了不少,"你感觉怎么样?"

"还行吧。"

"现在你具体有什么样的感觉?"

"我不知道。"

"紧张吗?"

"不紧张。"我撒谎了。

露丝将手轻轻放在我的右膝上,微微往下压了一下。我的膝盖立马停止了抖动。我绷紧神经,准备好一旦事情往诡异的方向发展,就赶紧跳起来逃跑。这时露丝把手从我的膝盖上拿开了。

"你的腿在抖,像是很紧张的样子。"

"我就是不大确定你到底要教我什么。"

"我要教给你的,是一种魔法店里买不到的魔法。这种魔法已经流传了成百上千年,但必须要有人教你才能学会。"

我点了点头。

"但是你必须先给我一样东西。"

我就知道要想学到露丝的魔法,我肯定是得给她什么东西做交换的。可我唯一稍微拿得出手的东西,就只有那辆自行车了。

"你想要什么?"

"你的保证。你要承诺我,将来有一天,你会把这个夏天我教给你的东西,再教给别人。同样,你也要让你的学生保证,他们也会把这个知识再传授给另外的人,以此类推。你做得到吗?"

我完全想不出自己将来能教给谁,其实那时我甚至不确定,自己是否有能力去教别人。但露丝正凝视着我,等我回答。而我知道正确答案只有一个。

"我保证。"

我确实想过要不要在身后偷偷交叉手指,让这个保证不算数。万一我找不到人来教呢？但鬼使神差的，我却做了个童子军发誓时候的手势，直接伸直了三根手指。看来现在这算是个正式的承诺了。

"闭上眼睛，想象你自己是一片在风中飘舞的树叶。"

我闭上眼睛，然后又睁开眼睛做了个鬼脸。我的个子比大多数同龄人都高很多，但体重只有120磅。比起风中的树叶，我其实更像根插在地上的细树杈。

"把眼睛闭上。"露丝温柔地说，冲我点点头。

我再次闭上了眼睛，努力把自己想象成一片风中的树叶。也许她是要给我催眠，让我以为自己真是一片树叶。我看过一次舞台催眠表演。那个魔术师把观众催眠成各种农场里的动物，然后让他们打成一团。一想到这儿，我忍不住笑出声来，又睁了下眼睛。

露丝正在我对面的椅子上坐得笔直，双手手心朝下，放在她的大腿上。她轻轻叹了一口气。

"吉姆，这个魔法的第一个技巧，是要学会如何放松身体的每块肌肉。这并不像听起来那么容易。"

我不确定自己有过真正放松的时候。我总是随时做好逃跑或反击的准备。我只好又睁开了眼睛，看到露丝向右歪着头，正凝视着我的眼睛。

"我不会伤害你的,我想要帮你。请你信任我,好吗?"

我琢磨着她的问题。我不知道自己在生命中能信任谁,但大人肯定是最不可靠的。不过确实从没有人向我提出希望我能信任他们。我很喜欢这样的感觉。我想要信任露丝,想学会她要教我的东西。不过整件事确实感觉怪怪的。

"可是为什么呢?"我问露丝,"为什么你想帮我?"

"因为我们相遇的那一瞬间,我就能看出你有潜力,我非常确定。而我希望能教会你,让你也可以看到自己的潜力。"

我不知道自己有什么潜力,也不知道她是怎么看出来的。我当时更不知道的是,其实露丝会在任何一个在1968年夏天不小心闯入魔法店的人身上看到他所具备的潜力。

"好的。"我说,"我信任你。"

"好,那就让我们从这里开始吧。现在把注意力放在你的身体上,你的身体有什么感觉?"

"我不知道。"

"想象你在骑自行车。当你骑得飞快的时候,身体会是什么感觉?"

"会感觉很好,我猜。"

"你的心脏现在在做什么?"

"跳啊。"我答道,然后笑了起来。

"跳得快还是慢?"

"快。"

"好的,现在你的手有什么样的感觉?"

我低头看了一眼,发现自己的手正紧紧地攥着椅子边儿。我赶紧松开了双手。

"我的手很放松。"

"很好。你的呼吸是什么样的?深还是浅?"露丝做了个深呼吸,"是像这样,还是接下来这样?"她开始快速地呼吸,像狗喘气那样。

"我猜大概介于这两种之间吧。"

"你现在感到紧张吗?"

"不紧张。"我又撒了个谎。

"你的腿又开始抖了。"

"可能有一点点。"

"我们的身体会借由很多信号来表达我们内心的感受,这很神奇的。有人问你感觉如何的时候,你可能会说'我不知道',也许是你真的不知道,也许你知道但不想说。但你的身体永远都清楚你的真实感受:不管是你感到害怕,快乐、兴奋，还是觉得紧张、愤怒、嫉妒，或者悲伤。你的意识里可能觉得你自己不知道，但是如果问问你的身体，它一定会给你答案。从某种意义上说，身体有它自己的意识，会做出自己的反应。而身体做出的反应有时候是对的，有时候是错的。你明白吗？"我突然意识到这话一点不假。比如我回家的时候，一踏进门，就立刻能感觉到我妈妈的情绪。用不着她开口，我心里就知道她当时心情如何。

我耸了耸肩，努力去消化露丝说的这些话。

"你有没有过特别伤心或者特别愤怒的时候？"

"有啊。"我其实经常处于愤怒的状态，但我不想说出来。

"我想让你给我讲一件让你愤怒或者恐惧的事——之后我们来讨论讨论，在你叙述过程中，身体有哪些感觉。"

我的大脑飞快地转起来。我不知道什么该讲什么不该讲。要不要讲我那次在天主教学校里，被一个修女扇耳光，然后我想也没想就扇了回去？还是周四夜里，我爸爸回家的时候又是酩酊大醉？还是那次我送妈妈去医院，医生当时说的话让我既想揍他一顿，又想找个地缝钻进去，或者两样同时做？

"吉姆，你想得太大声了，我在你脑子外面都能听见了。

可是我没办法替你把它们说出来。就告诉我，此时此刻，你正在想的这件事吧。"

"我在想所有我不想告诉你的事。"

露丝笑了："没关系的，你不会说错什么的，我们在讨论的是你的感受。感受并没有对错之分，它们只是感受而已。"

我并不完全相信她的话。我为自己的感受而羞愧难当。我的感觉、我的愤怒、我的悲伤，这些巨大的情绪快要将我淹没了。我恨不得站起来逃走。

"在这一分钟里，你腿抖动的距离加起来估计快要超过一英里了。"露丝说，"我现要开始数三声，然后你给我讲一件事，不要多想，直接说出来，好吗？我要开始数了哦，准备好了吗？"

我还在疯狂地试图跳出满脑子混乱的情绪，找出一个不那么让人难为情的事情来讲。我怕把露丝吓跑。

"一……"

万一她是个天主教徒，听到我打了修女被退学，然后被迫去和姐姐、姐夫住，结果又因为打架而再次被退学，她会不会被吓着？她会不会觉得我有暴力倾向，以后再也不让我来了？

"二……"

如果我告诉她,我非常生我爸爸的气,因为他总是喝醉,还砸烂了家里的车,现在我们不得不开着辆头部凹陷、保险杠用绳子吊起的汽车招摇过市,那辆车简直像挂了一个横幅写着"来看啊,我们多穷啊,连修车的钱都出不起啊",这样说她会不会觉得我是个不孝子?

"三……开始吧!"

"我爸爸酗酒,不是天天喝醉,但很经常。他有时候一去喝酒就几周不回。我们被扔在家里,没有钱,只能等着领福利券度日,福利券又少得可怜。他不喝酒的时候,我们全家都得小心翼翼,生怕他一心烦就又开始爆发了。在家喝酒的时候,他会连嚷带骂,乱砸东西。他每次这样做的时候,我妈妈就会流眼泪,我哥哥就会躲出去,我就藏到自己房间里。但我总会竖着耳朵听外面的动静,我怕万一出事,那我还是得赶紧出来做点什么。我担心我妈妈。我妈妈总是生病,整天躺在床上,每次我爸一喝酒,她的病就又会加重。他们俩老打架。我爸回家的时候,我妈会冲他吼,但他每次一要离开家,我妈就又沉默了。她不起床,不吃饭,什么事也不做。我不知道该怎么办。"

"继续讲,吉姆。"露丝真的在听。她好像真的想听我继续说下去，而且并没有被吓到。她脸上带着理解的微笑，那微笑像巧克力曲奇一般甜美，她好像真的能理解我，而且完全没有因为我家的困境就觉得我们低人一等的意思。"接着讲吧。"她鼓励我说。

"有一天我放学回家，发现家里静得出奇，是那种很诡异的安静。我走进我妈妈的房间，看到她躺在床上。她吃了好多好多的药片。那种药片是帮她镇静的，但她一次吃太多了。我赶紧跑去邻居那儿，求她开车送我们去医院。以前她也这样被送去医院过。呃……我是说，我妈妈，她以前也做过这样的事。在医院里，我妈妈躺在病床上，我坐在她床边。我们旁边有个隔帘，隔帘那头医务人员说的话我都听得清清楚楚。有个男的很生气，因为他得帮我妈妈填记录，他还说我妈妈以前就住进来过，像我妈妈这种人根本就是在浪费他的时间。然后有个女的在那儿笑，说什么'没准这回就是最后一次喽'。我当时也不能发作，接着就听见他们两个人都大笑起来。我都快气疯了，真想把帘子扯下来痛骂他们一顿。在医院里工作的人不应该是这样的，而且我很生我妈妈的气，因为我实在不明白她干吗要这样做。太不公平了，太丢人了，我也生我爸爸的气，气他怎么老是让我妈妈伤心难过。他们两个人都让我很生气。每一个医院里的人都让我很生气,其实我有时候真的会非常、非常生气。"

我闭上了嘴,完全不知道接下来该干什么了。露丝依然坐在我对面的椅子上。我低下头,盯着我球鞋上那个该死的破洞。

"吉姆,"露丝温柔地叫了我一声,"此时此刻,你的身体感受到什么?"

我耸了耸肩膀。现在她知道了我家里的情况,我不知道她会怎么看我。

"你的胃感觉怎么样?"

"有些不舒服。"

"胸口呢?"

"发紧,还有点疼。"

"你的头呢?"

"感觉像在被锤子锤一样。"

"你的眼睛觉得怎样?"

不知为何,在她问的那一瞬间,我突然想要闭上眼睛哭出来。我没打算要哭的,我不想哭,但是我控制不了自己,眼泪一下子淌到了脸颊上。

"眼睛有点刺刺的痛吧,我觉得。"

"感谢你跟我讲起你父母的事,吉姆。有时候我们需要停止思考自己该说什么,只管说出我们要说的就好。"

"你说得倒轻巧。"

露丝和我同时笑出了声。那一刻,我突然觉舒服多了。

"我感觉胸口没有那么紧了。"

"很好,真是非常好。我下面会教你怎么放松身体的每一块肌肉,之后你每天需要做一个小时放松肌肉的练习。我每天上午在这里教你的东西,每天晚上你也要在家练习,就像家庭作业一样。现在让我们来学习怎么放松肌肉。这听起来容易,但其实非常非常难做到,需要反复练习。"

我仍然想不起来自己在什么时候有过真正放松的时光,感到疲惫是我的常态,我从没有真正放松过。我甚至不是很清楚,放松到底是什么意思。

露丝让我找一个舒服的坐姿,然后闭上眼睛。她又让我想象自己是一片随风飞舞的树叶。在脑子里想象自己飞过一条条街道的感觉还挺酷的,我觉得身体变得轻盈起来。

"不要昏沉下去,你得保持清醒。虽然我们是要放松肌肉,但不能失去对肌肉的控制。现在,做三次深深的呼吸,用鼻子吸气,然后用嘴巴吐气。"

我尽力地深呼吸了三次。

"现在,我要你把注意力集中在你的脚趾上。心中想着你的脚趾,去感受它们。轻轻转动它们。在鞋子里把它们蜷起来,再松开。深深地吸气,再慢慢地吐气。保持呼吸,关注自己的脚趾,你会感到它们越来越沉。"

我又做了好几次深呼吸,才把注意力放到脚趾上。你可能觉得这应该挺容易的,其实不然。我把脚趾在鞋里左右转动了一下,但思绪突然转到了是不是该在开学前买双新鞋,接着又开始想我从哪儿才能找来钱买鞋……全然忘记了我的脚趾。

不过每当我的思绪飘离我的脚趾时,露丝都会发现。她会及时打断我,让我再做一次深呼吸。我记不清自己到底花了多长时间来重新深呼吸,练习把注意力放在脚趾上了,简直没完没了。

"现在,我要你再做一次深呼吸,然后把注意力集中到双脚上。"

我开始觉得有点饿了,也开始觉得无聊。我的脚和学习魔术有关系吗?快到午饭时间了吧。也许露丝是打算把我饿死。她肯定会读心术,要不怎么每回都能正好在我走神的时候打断我呢。

"把思绪拉回到双脚。"

我转了转脚腕,想着我又笨又饿的大脚丫子。

"现在想着你的脚腕,再到你的膝盖。放松你的大腿,感觉你双腿变得沉重,感受它们正陷到椅子中去。"

我把自己想象成世界上最大的胖子,椅子越来越沉,很快就会压穿地毯,砸穿到地球另一头去。

"现在来放松你胃部的肌肉。先绷紧它们,然后放松。"我照她说的话做了,故意把胃弄得咕噜咕噜响,让露丝能听到。

"现在到你的胸部,吉姆。深深地吸气,呼气,放松你的胸部,感受你的心跳,然后放松心脏周围的肌肉。你的心脏也是一团肌肉,把血液和氧气泵压到身体各个部分。你可以像放松其他肌肉一样来放松心脏。"我怀疑如果我把心脏放松了,身体器官就会停止运转。如果真是这样,露丝接下来要做什么?

"把注意力集中在你胸部正中,感觉胸部的肌肉正在放松。深深地吸气,感受一下你正在跳动的心脏,然后继续放松。现在慢慢吐气,依然是把注意力放在放松胸部肌肉上。"我发现在做这个练习的时候,我的心跳逐渐缓慢了下来。

后来在医学院的时候,我也学过心脏的知识。心脏通过迷走神经，与脑干中称为延髓（medulla oblongata）的部分相连结。迷走神经在大脑对心脏功能调节方面具有双向联系作用。放松和缓慢的呼吸能增加迷走神经输出，刺激副交感神经系统，从而降低人的心率和血压。而抑制迷走神经则将激活交感神经系统，导致心跳加速，就像人在受到惊吓时所体验到的感受一样。而当时在魔法店里，我只知道露丝教我的放松和呼吸，让我觉得很舒服、很平静。那时我对神经系统及大脑和心脏之间各种神奇的互动还一无所知。不过我的大脑和心脏不需要学习这些知识就能运转：大脑不断向心脏发出信号，而我的心脏也会自动做出回应。

"现在来放松你的肩膀、你的脖子、你的下巴。放松你的舌头，让它自然落到嘴的底部。感受一下你的眼睛和前额，把它们收紧，然后放松。让你身体里的每一寸肌肉……彻底……放松。"

之后有很长一段时间，露丝都没再说话。我坐在那里，尽量放松，尽量缓慢地吸气和吐气，尽量不再烦躁。我能听到露丝正在深深地吸气，慢慢地吐气。于是我也照做。一旦你想着要怎样呼吸，呼吸这件事就没那么轻松了。我眯着眼睛偷瞄了露丝一两回，看到她正闭着双眼，用和我同样的姿势坐在那里。她终于开口了。

"好，时间到了。睁开眼睛吧。"

我睁开眼睛，把身体坐直了一些。我感到全身有种不大一样的感觉，这种感觉非常陌生。

"今天就到这儿。吉姆，我猜你肯定想吃东西了吧。"露丝拉开一个抽屉，从里面拿出来一包趣多多巧克力曲奇，"想吃多少吃多少！"我抓了一大把，这可是我最爱吃的东西。露丝重新戴上眼镜，从她眼镜上沿望着我，轻轻地说："你已经上路了。"

我其实并不清楚这条路会通往何方，也不明白在椅子上坐一小时，和真正的魔法之间有什么关系。

"吉姆，你要继续练习放松你的身体，特别是当家里发生像你提到的那类情况的时候。即便在愤怒和悲伤的时候，你也要保持身体放松。我知道这要花费不少的工夫，但最终你将能够做到瞬间进入完全放松的状态。相信我，这是一个很值得学习的技巧。"

"好的，不过我能问问这是为什么吗？"

"生活中，不在我们掌控范围内的事太多了，尤其作为一个孩子，要想能控制或者改变什么真是太难了。但你自己的身体和思维是在你控制范围内的，虽然这听起来没什么了不起，但其实具有非常强大的力量，能改变一切。"

"我不确定。"

"你会知道的。继续来这里上课吧,把你在这个夏天里将要学到的东西反复练习。有一天你自然会明白的。"

我点点头,其实我都不是很确定是不是还要再回来。这一套看起来并不是我想学习的那种魔术戏法。

"你听说过牛顿吗?"露丝问。

"好像是个科学家吧?"

"没错。他是物理学家和数学家,也许能算得上历史上最伟大的科学家之一了。他的故事你可能会有兴趣听听。他小时候家境并不好。他的生父在他出生前三个月就去世了,牛顿是个没有父亲的早产儿。所以你看,他生活的起点也并不那么公平。他三岁的时候,他妈妈改嫁了。牛顿和他的继父关系很差,有一回他甚至威胁说要烧掉房子,把他妈妈和继父都烧死在里面。牛顿在你这个年纪的时候,也是个充满了愤怒的小伙子。他妈妈后来让他辍学回去耕地,因为他的生父以前就是个农夫。所以大家也觉得牛顿就应该去种地。但是牛顿痛恨种田,他痛恨农场的一切。后来有一位老师说服了他母亲,让他重返校园,从此他就一直是学校里最棒的学生。可你知道这是为什么吗?因为他在学校里总受欺负,他把拼命拿到全班最好的成绩,作为自己对那些人的报复。牛顿在上大学的时候,因为太穷,必须要靠在学校做佣人来换取学费和生活费。他也许没有其他孩子那样的好家庭、好运气和经济后盾,但最后,他改变了整个世界。"

我从没想到著名的科学家也会憎恨他们的父母,还和同学打架。

我起身跟露丝和尼尔道了别,正准备踏出门,忽然听到露丝说:"吉姆,别忘了回家要练习今天我们学的内容哦。"她微笑着,凝视着我的眼睛。再骑到 I 大街的时候,我感到浑身暖洋洋的。我不明白为什么露丝要教我放松自己的身体,但我打算回家好好练习,看看是不是真的会有魔法发生。

时至今日,我已经明白,第一天露丝教给我的这些方法,大都和大脑及身体对压力的急性应激反应相关,也就是人们常说的"战斗或逃跑"(fight-or-flight)。当大脑感觉到威胁,或是感到有什么危及自身生存的时候,属于自主神经系统的交感神经就会被激活,释放肾上腺素。肾上腺同时会被下丘脑释放的荷尔蒙刺激,产生皮质醇。我估计自己在十二岁的时候,皮质醇水平一定挺高的。这个时候,你身体中一切和战斗或逃跑无关的生理机能都会被关掉:

消化放缓、血管收缩（但是肌肉血管舒张）、听力下降、视野变窄、心跳加快，控制口水的唾液腺也会立即受到抑制，让你嘴里发干。

如果你确实是身处一场为生存而战的斗争中，以上这些机体反应都是必需的，但是这种急性应激反应应该是短暂性的。长期生活在压力之下，会产生各种生理和心理问题：愤怒、抑郁、焦虑、胸疼、头疼、失眠，以及免疫功能低下。

在人们对压力、荷尔蒙有所了解之前，露丝就已经教会我如何在面临慢性压力和威胁的时候，调节自己的生理反应。如今每次站在手术室的时候，我都能够放缓呼吸，控制血压，降低心率。通过显微镜，在大脑最精致的部位进行手术时，我可以保持双手稳定、身体放松，而这都得益于当年露丝在魔法店里教授的"魔法"。事实上，如果没有遇到露丝，我可能根本成不了一名神经外科医生。从那时至今，放松身体这个技术对我的帮助都非常大。但这只是个开始。露丝花了十天，才能让我做到放松全身每一块肌肉。到第十一天，我照常骑车来到魔法店，坐到椅子上，闭上双眼，等待露丝指引我进入放松过程。但今天露丝有其他安排。

"睁开眼睛吧，吉姆。我们今天来讨论一下你脑袋里的那些声音。"

## 露丝的魔法 第一招
### 放松身体

1. 找一个不会被打扰的时间和地点来进行练习。

2. 不要在以下情况下练习：面临巨大压力；有事情干扰你，让你分心；饮酒；感到疲惫。

3. 开始前安静地坐几分钟并放松一下。思考你希望通过这样的练习达到何种目的。明确自己的意图。

4. 现在闭上双眼。

5. 做三次深呼吸，用鼻子吸气，然后缓缓用嘴吐气。重复练习，直到你习惯这种呼吸方式，不会为了进行这样的呼吸而分神。

6. 习惯这种呼吸方式以后，在脑海中勾勒出你的坐姿，想象你正在观察着自己的身体。

7. 把注意力放在脚趾，放松它们；然后把注意力放在双脚，放松脚部肌肉。想象这些肌肉正随着你的呼吸慢慢融化，注意力要全部集中在脚趾和双脚上。开始练习的时候可能很容易走神，如果你的思维开始飘散，只要重新把注意力集中回来，继续放松你的脚趾和双脚就好了。

8. 成功放松了你的脚趾和双脚之后，就将这项练习向上延伸，来放松你的小腿和大腿。

9. 然后放松腹部和胸部的肌肉。

10. 接下来观想你的脊椎，沿着脊椎放松脊椎两侧的肌肉，然后继续放松肩部和颈部的肌肉。

11. 最后，放松面部和头皮的肌肉。

12. 当全身的肌肉都得到了放松，体会一下这种充满平静的感觉。你会感到很舒服。这时候如果感到困倦甚至直接入睡都很正常。没关系。可能要经过反复练习，才能实现全身肌肉放松，同时又能把持住这种放松的状态而不变得昏沉。多点耐心，善待自己。

13. 现在将注意力集中在你的心脏上，一边缓慢地进行呼吸，一边放松自己心脏的肌肉。你会发现随着身体的放松和呼吸的放缓，你的心率也会下降。

14. 想象自己的身体已经完全放松，随着缓慢的呼吸，感受当下这种单纯的存在感，感受这种温暖。很多人都会感到有些轻飘飘的，从内到外充溢着平静。继续慢慢地吸气，缓缓地吐气。

15. 刻意记住这种放松、平静而温暖的感觉。

16. 现在慢慢睁开双眼，坐上几分钟，让大脑中没有任何想法或企图。

# 3
## 驾驭思绪 Thinking About Thinking

一名优秀的魔术师会向观众示意,下面表演即将开始。而一位伟大的魔术师则会让观众入迷,根本意识不到魔术是何时开场的。

露丝就是一位伟大的魔术师。

在露丝提到这事之前,我甚至都没觉察到自己脑袋里有很多声音。要不是露丝提出让我把它们给静音掉,我从没意识到这些声音有这么吵。训练放松身体已经够难的了——尤其是回家以后。那间小小的公寓里永远充斥着电视噪音,还有浓重的烟草味悬浮堆砌在空气里。不过要说放松身体不易,那平息我繁杂的思绪简直就全无可能了。

过去十天我每天都来魔法店,不论从哪方面比较,这里都比家里舒服太多了。我喜欢这里的安宁和平静。头几天过去之后，露丝还会每天带午饭来店里。一结束当天的学习，我们就去铺面，露丝会拿出一个大号绿色塑料饭盒，掀开白色的塑料盖，里面总装着切好的水果、奶酪、苏打饼干，还有坚果。其实坚果里我只爱吃玉米粒，但我还是尝试了露丝带来的各种坚果，虽然有些看起来样子有点怪。之后我还能吃到我最爱的趣多多曲奇。尼尔不忙的时候，也会过来和我们一起坐坐。他会给我讲故事，给我表演新的魔术，或者展示他正在做的新纸牌。尼尔喜欢边吃边说话。这个三人组虽然既短暂又怪异，但我还是很快和他们亲近了起来，感觉像家人一样。在我魔法店的家里，我不需要照顾任何人。而且每天待在这儿的几个小时里，我会得到他们全部的关注。我们能轻松地聊天、开玩笑，不像在家里，总有些话题是要回避的，不然一不小心就会引爆那些深藏的愤怒和积怨。尼尔每次要开始讲故事的时候，都会戴上老花镜，在开口之前透过眼镜上沿，看着我微笑。

尼尔有一回讲起当年当兵的事，说有一天他和伙伴们正在食堂表演魔术，指挥官走了进来，让大家立即去哨岗。尼尔和两个战友赶到了哨岗，守卫的军官却不肯放行，因为他们虽然带好了武器装备，但身上还穿着长长的燕尾服、戴着高高的魔术帽。我不知道尼尔给我讲的那些（包括这个故事）是确有其事的还是夸大其词，但是它们都很好笑，是那种只要一开始就根本停不下来的大笑。在这样的笑声中，我是完全放松的，脑袋里也没有露丝说的那些声音。露丝也会给我讲俄亥俄州，她生活的那个小镇上的故事。那里的人彼此关爱，长长的夏日是要和家人、朋友一起度过的。有时候我幻想自己成为尼尔的学徒，他会教我所有他最擅长的魔术。我甚至可以想象我们俩出现在聚光灯之下硕大的天幕广告屏上。当你异常渴望的某一种感觉终于在生命中出现，你会拼命抓住它，不敢松手。我和露丝、尼尔之间的关系真实而特别。在我一生中，也曾和其他人产生过类似的联系——有时候是在电梯里碰到的陌生人，当你们目光交汇，出于一些说不出来的原因，你会感受到你们彼此的联系，这不仅是一次眼神相遇的联系，而是一种更深层的感知，是对彼此人性的洞察，是对同行者的认可。仔细想想，这种时刻其实还挺神奇的。有时当我在路上看到流浪汉或是那些落魄的人，和他们目光相对时，我仿佛看到自己的脸正在向我回望。在那一瞬间，也许是比一瞬间更长一点的时间吧，我再一次感受到自己一路走来所承受的痛苦，因而心中就会充满同情，继而心怀感激，感恩这条路最终把我带到今天这个地方。每个人都有自己的故事。而我清楚，这些故事最核心的部分，又都是如此相似。人与人之间的联系具有强大的力量。有时候仅仅是一个眼神接触，就可以改变一个人的一生。

露丝和我的相遇正是这样。一次见面就改变了一切，让我走上了一条完全不同的人生轨迹。露丝并不是超自然的神，虽然当时那个十二岁的孩子会更希望她是。露丝只是个普通人，但她具有非凡的同情心和直觉，愿意不求回报地关爱他人。露丝花了很多时间和精力在我身上，她向我揭示的魔法，我迄今仍在使用。在魔法店里度过的那些日子，我有时会觉得我纯粹是在浪费时间，因为自己根本不可能学会露丝想教我的东西。有时我又会觉得她简直是个疯子。现在的我已经知道，露丝当年教给我的，其实是一些非常古老、已经流传了上千年的技术。现在科学研究已经证实，神经可塑性不仅真实存在，而且是脑功能的必要组成部分。我还知道，大脑可以通过训练来提高注意力，并且学会去屏蔽那些影响我们做出清晰有效判断的杂念冗思。这些在今天早已是家喻户晓的事，但在当年，却是闻所未闻。当露丝跟我说她要教我把脑子里的杂音关掉，我完全不明白她在说什么。但无论如何，我肯定还是会照她说的去尝试。

"放松你的肩膀。放松你的脖子。放松你的下颌。感觉你面部肌肉都放松下来了。"露丝说道。这些我现在都知道该怎样做了。

露丝依然会用声音引导我放松自己的身体。她的声音如此温柔,总让我觉得自己轻飘飘的。要是此时自己飘浮到了椅子上方,或是变得像尼尔上次用的那套升空纸牌一样悬浮起来,我也不会太惊讶的。

"现在我希望你清空头脑中的想法。"

这是个新的指令。我突然感觉自己身体的实际重量正沉沉地压在椅子上。露丝这话到底是什么意思?怎么做才能清空想法?我的思维开始失控地到处乱窜。我睁开眼,看到露丝正微笑地望着我。

"这是个新技术。"露丝说。

"好吧。怎么才能做到呢?"

"嗯,这可能会有点复杂,因为你的大脑会开始思考如何思考。一旦大脑开始这样做,你就得完全不加思考地让大脑停止思考。"

"啥?"

"你知道什么是旁白吗?"

"知道啊。"我说,"就像是你在旁边用声音引导我做放松练习。"

露丝拍了拍手,笑了:"那在家的时候,你又是怎么做放松练习的呢?"

我想了一下:"和在这里一样啊。"

"但是你看,你在家的时候并没有我在旁边说话,那是谁在念旁白呢?"

"就是你啊,不过是在我的脑袋里。"

"可我并没钻到你的脑袋里去啊。所以你想想,其实是谁在说话?"

对我来说,脑海中告诉我集中注意力,放松每一寸肌肉的那个声音,就是露丝的声音。"那就是你的声音。"

"但那其实并不是真正的我,又会是谁呢?"

我猜着她想要我说出的答案:"是我自己?"

"没错,就是你自己,是你自己在脑子里对自己说话。那个声音听起来是我的,是因为你希望听到的是我的声音。脑子里的这个旁白者很擅长模仿,它可以变成任何人的声音。"

"这样啊。"

"我们每个人的头脑里,都有这么一个声音,在不停地跟我们说话。从早上起床,到晚上睡觉,它都在那里。你想想,它就像是个电台的音乐节目主持人,会不停地告诉你下面要播放的曲目,从早到晚把你生活的每分每秒都写进节目单。"

我琢磨了一下。我常听洛杉矶地区调频 KHJ930 的"老板"电台,尤其是"热播金曲前四十名排行榜"。我试着想象那个节目中被大家称为"真实的当·斯蒂尔"的主持人,在不停地解说我的生活。

"想想看,你头脑中的这位主持人,一天到晚喋喋不休地对你啰嗦所有事情的所有方面。可是你太习惯他的存在了,即便它的音量已经开到最大,你也依然无法察觉,也想不起来要把它关掉。"

真是这样吗?我并不很确定。我从来没发现脑袋里有什么喋喋不休的声音。总是在不停地想这个想那个倒是真的,但是我从没真正思考过我的想法。

"你脑子里的这个声音一直在对你生活里的分分秒秒做出评判:这是对的,那是错的。你的思维就会跟着做出反应。就好像这个声音真的了解你一样。"露丝特别强调了最后这句话,像是期待我会被"我在想着自己在想什么"这个概念惊到,可我更糊涂了。"问题在于,思维对它做出的反应,在很多时候是对你不利的。"

"可是,我脑袋里的声音不就是我自己吗,难道我不了解我自己吗?"

"不。脑袋里那个声音并不是你。真实的你,是在听着这位主持人唠叨的那个人。"

我心想,在露丝眼中,我身体里到底是住了多少人。也许她脑袋里有其他人在说话,我反正很确定,我脑袋里就只有我自己,没有什么主持人在跟我唠叨天气或者提示下一首曲目。

"我想让你明白的是,你脑袋里那个说个不停的声音,是不值得信任的,大部分情况下它都是错的。你可以把这个练习想成学习如何调小音量,最后能把这个声音完全关掉,然后你就能明白我现在跟你说的这些了。"

"我猜我现在就可以试试。"我对露丝说。

"那个主持人现在在说些什么呢?就是此时此刻,在你脑袋里。"

我想了想我刚才在想什么:"他说我完全不明白你在说什么,而且反正这也没多大用。"其实那个主持人还说,这事儿听起来真是够蠢的,不过我不打算转告这句话了。

她看着我笑了:"这很好。你看,你现在可以察觉到你之前思考了些什么。这就是这项技巧的第一部分。"

我似懂非懂地点了点头。

"我们现在要开始练习察觉你的想法。闭上眼睛,用几分钟的时间再次放松一下身体。"

我闭上眼睛,又重复了一遍放松身体的步骤。到这个时候,这个技术我已经练习了上百遍了。从脚趾开始,一路向上,直到头顶。每一寸肌肉在我思维触及时,都得到了放松。此时我感觉良好,像浸在一个慢慢注满热水的浴缸里。

"把精力集中在呼吸上。"露丝说,"吸入,呼出。只想着呼吸。专注于呼吸,什么都不要想。"

我深深用鼻子吸了口气,再慢慢用嘴呼出,然后继续重复。不一会儿,我觉得脸上有点痒,于是抬起手去挠了挠。结果手边摸到了个鼓包,我心里暗暗琢磨这可别是颗青春痘吧。我家楼里搬来了一个我很喜欢的女孩儿,就住我家楼上。她叫克莉丝,有一头黑色长发,几乎及腰。我第一次见到她就跑过去搭讪,不过,事后我猜她肯定觉得我是个白痴。她人可好了,我们说话的时候她一直保持微笑。她会不会考虑和我一起出去玩呢?我突然想起了我的大黄板儿牙,不由自主地抿了抿上嘴唇想遮住它们。不,她肯定不会跟我玩的。想什么呢?一脸青春痘还配两颗黄板儿牙,得了吧你。我记得她看着我,然后转身走开的样子。我根本配不上她。

"把注意力集中在呼吸上。要是那个主持人开始啰嗦了,不要听他的,把注意力拉回到你的呼吸。"

我已经开始神游了,而且自己竟然全无察觉。我赶紧专注到呼吸上。但很快我又开始琢磨跟班上另一个男孩出去玩的事。他住在镇上的富人区,爸爸是开建筑公司的,他们家房子大得不得了,他父母每人开一辆凯迪拉克。去年有一回他请我去他家吃晚餐,餐桌上他妈妈问我住在哪儿,问我爸爸做什么。当时我真想钻到地缝里去。我爸爸一直在失业,而且还不止一次因为醉酒和行为不检被捕。这些我根本说不出口,况且估计也不是她想听的。

得,又来了,我又忘记呼吸,开始想事情去了。这太难了,我实在做不到。基本也就做五次呼吸左右,我就会开始想点什么。我决定数一数我在走神前能做几次呼吸。但是这样一来,我就又在"想"了。这简直是不可能做到的。真有人能做到什么都不想吗?露丝自己做得到吗?她能完成几次呼吸而不走神?我该不该问问她?露丝是不是也用了很长时间去学习这个技巧,或者只是我特别笨?练这东西到底有什么意义呢?我的思绪越飘越远。

我尽自己最大可能放慢我的思维,但明显我的思维不能像我的身体这样,坐着一动不动。要是我假装没在想事情,露丝能看破吗?

"睁开眼睛吧。"

我看着露丝。这个练习,我彻底失败了。"这也太难了。"我说,"我根本做不到。"

"吉姆,你可以做到任何事情。"

"这件事我不行。"

"你只是需要多加练习。尝试停止你的思考一秒钟。然后到几秒,然后再长一点儿。"

"我实在做不来这个。"

露丝凝视着我,好几秒没说话。

"每一个尝试过这个练习的人,一开始都和你说的一样。任何你想做的事情你都能做好,包括这个练习。你只是还不知道你能做到而已。"

我突然感到一种熟悉的痛苦,那种知道我不够好、不能融入或者买不起什么东西的时候会感觉到的痛苦。随即我的眼睛又开始刺刺地疼了。那段和露丝在一起的时间里,这种感觉会时不时跳出来把我淹没,让我想低头大哭一场。

"你想要专注呼吸却摒除不了杂念,这没什么好坏之分,当你脑子里开始想事情，那只是它在做它要做的事而已。你只需要察觉到，然后把注意力引回到呼吸上。仅此而已。你需要让它知道谁才是主人。我想要你做到的仅仅是察觉到你的杂念。然后你会慢慢发现，你的思维就不会再到处乱逛了。"

"我会练习的。"

"很棒！这是你唯一能做的：练习，练习，再练习。"

"你学这个技巧的时候也是这样的吗？"我问。

"一模一样的。"她说。我感觉好过了一些。

"我先要放松身体？"

"先放松身体，然后驯服你的思维，这会平静你的心绪。以后，我教给你的这些技术都将能融会贯通，那时候你就能做到在放松身体的同时也摒除杂念。但现在，我们得先一步一步来。"

那天回家的时候，我决心要掌握这个技巧，不再让这个可恶的主持人在我脑袋里喋喋不休。到家的时候，爸爸依然不在家，而妈妈还是在她房间里躺着。屋里很安静，我坐下来，集中精神想要关掉大脑中这位主持人的声音。

我慢慢地吸气，吐气。但房间里的安静似乎把我脑袋里的声音衬托得更加响亮了。我知道我爸爸肯定正在外头喝酒狂欢，他随时都会醉得一塌糊涂地冲进家门。这一幕就好像在我生命里设了个"重播"键——经年累月地重复出现，每次都是一样一样的。当爸爸进门，父母就会开始激烈争吵，他会把自己过去所有问题归咎于妈妈，然后对未来做出他永远都兑现不了的承诺。循环往复，没完没了。

即便家里谁发现我正闭着眼坐在椅子上，大概率也是没人会多问一句的。没人关心我在干什么，也没人问我在想什么，更不会有人在意我感受如何了。我全力以赴练习着露丝教我的技巧。但随着爸爸不在家的日子慢慢增加，我无法控制自己不去担心，等到他终于回来那天，家里的情况得有多糟糕。**这次会是因为什么开始吵呢？万一我妈妈又服药过量怎么办？**我努力想让脑子里的声音关掉，但根本做不到。**到时候我是得报警还是得叫救护车？我能跟谁求救呢？等他们进来找我妈妈的时候，我要怎么解释哥哥总是躲在被子底下？他们会把爸爸带走吗？**我尝试把注意力拉回到呼吸上，但脑子里却不断地浮现出一个又一个可怕的场景，每个场景都是以我爸爸进门回家开始的。这感觉就好像你看到龙卷风正在刮过来，但身体却因为恐惧而动弹不得，没办法逃跑或者寻找掩护。很多时候这些场景会出现在我梦里。确切地说，是噩梦里。这些梦中，我张开嘴想大声警告谁，但是发不出声。

露丝似乎看出了我的困境，因为几天后，她换了个方法让我练习。

"我们来试试用其他办法把这些杂念从你脑袋里赶出去。"

她拿出一支蜡烛，用一根火柴点燃，然后把它立在办公桌上。她让我把椅子移过来，面朝着蜡烛。

"我要你把注意力集中在这根蜡烛上，就集中在蜡烛的火苗上。"

她让我做一次深呼吸，然后凝视点燃的蜡烛。

"想着这团火光。每当你的思绪开始游走，就把它拉回到这个火苗上。"

某种程度上，对我来说，睁开双眼更容易不去胡思乱想。一闭上眼睛陷入黑暗，我的各种担忧就会汹涌而出。在黑暗中没有可以转移注意力的东西，我的各种恐惧就会纷纷跳出来嬉戏。**我们什么时候会再次被赶出房子？为什么爸爸要喝酒？妈妈能好起来吗？什么时候我们才能有钱？为什么我没有办法拯救我的家庭？我的问题出在哪**

儿？而看着蜡烛的时候，我很容易把自己迷失在它的火光里。我可以专注在它蓝色的底部，或是盯着它中间的橘红，这颜色搭配有点像万圣节的玉米糖。有时候我会凝视火焰顶端那部分白色，我觉得我仿佛能钻到火苗中去。这一团小火苗，随着我的一呼一吸微微摇曳。盯着它来赶走脑袋里那个主持人感觉就容易多了。这小小的火焰让我记起几年前的一件事。有一次，我们被邀请到爸妈的朋友在山里的一个木屋里过夜。那座木屋有个壁炉，我还能记得自己那晚坐在炉火前的情景。在那段短暂的时光里，爸爸曾有份工作，也不像现在这样每天喝酒。我父母过得还算得体，我妈妈的身体也在变好。我坐在壁炉前望着那些火苗，很快就会迷失在那温暖的火光中。那时的我觉得温暖、舒适、幸福。

那几周我花了很多时间和露丝一起凝视那支蜡烛。直到今天，每当看到点燃的蜡烛，我仍会感觉到平静。第一天回去的时候，我想起自己家没有蜡烛，然后记起来前几周有位朋友的祖母病了，我陪他去了趟天主教堂。他在一个小盒子里放了十美分，然后点燃一支蜡烛，念了祈祷词。这一切对我来说都非常陌生。那天从露丝那里回家的路上，我特地绕路去了趟教堂，留下我口袋里仅有的十五美分，拿走了两支蜡烛和一些火柴。此后的每天晚上，我都会努力盯着蜡烛的火光，练习减少脑袋里的各种杂念。

作为一名外科医生，病人常会告诉我他们的疼痛会在夜间加剧。疼痛其实并没有在夜间加剧，只是在夜里我们没有别的事物来分散注意力了。思绪一旦安静下来，一直都在的疼痛就会显得更加突出。同理，这也是为什么如果在凌晨两点钟醒来，当我们在黑暗中双眼圆睁，各种对未来的焦虑或对过去的悔恨就会开始在脑海中轮流唱戏。露丝教我如何控制自己的思绪，实际上是在帮我停止反刍过去种种所带来的内疚和羞愧。同时，克服我脑袋里那个电台对未知的未来各种无休无止的焦虑和恐惧。更重要的是，她教会我不要再像以前那样，对各种思绪做出情绪化的反应。她让我懂得，不停地悔恨过去或是对不可掌控的未来忧心忡忡，都是毫无意义的。

我们用了几乎三周的时间，尝试了三种不同的方法，使我能觉察到自己的各种想法，平静我的思绪。这些方法是：专注呼吸，凝视烛火，还有第三种，唱诵。

"你知道什么是'咒语'吗，吉姆？"

我摇摇头,完全没概念。

"这是一种通过发声来集中注意力的方法,可以是唱一首歌,也可以是只发一个音。就像我们之前用呼吸或者烛火来集中精神一样,这也是另外一种驯服思绪的办法。"

我又看了看露丝,发现她今天戴了个项链,上面挂了个口哨和一个小铃铛。她说的是这种声音吗?露丝前倾了一下身子,铃铛发出了清脆的叮当声。我差点笑出来。她低头看了看铃铛,也笑了:"不,我说的不是这种声音。"

"那是什么声音呢?"我预感事情会变得很诡异。

"嗯,这个要看情况。有时候人们会念一个对他们特别重要的词,有时候会说一句有些神奇含义的短语。其实,可以是任何词句。词句本身并不重要,发声才是重点。"

"那我要说什么呢?"我问。

"你自己决定。无论是什么,你只要不停地重复唱诵这个词句。"

"大声唱出来?"

"不需要大声,只要对你自己唱诵就好了。"

这事儿绝对会变得很诡异。我完全想不出什么重要的词句。只有脏话会在我脑子里翻来覆去地重复。我估计这些词八成不会是露丝所指的。

"那你要选什么词呢?"露丝正耐心地等着我说出什么神奇的词句,但我什么也想不出来。

"我想不出来。"我就知道,在魔法世界,词语很重要!阿里巴巴,芝麻开门。只有选对了"咒语",魔法才能奏效。

"你脑子里冒出来的第一个词是什么?什么词都行。"

"克莉丝。"我跟自己说。就是住我家楼上那个女孩儿的名字。当时我正在脑子里搜索着合适的词语,突然一个门把手的画面跳进了我的脑海——门把手。克莉丝门把手!直到今天,我也没想明白自己当时是怎么想到要把这两个词组合到一起的,或者这两个词在当时对于我来说,到底有什么特殊含义。

露丝看着我:"你想到了?"

"是。"我说。我突然感到害羞了。我选了错误的词句。我选的词句听起来一定很蠢,魔法自然也不会生效。

"现在把你选好的词说给你自己听,说的时候要慢慢地,尽量把每个音节拉长。"

"克莉斯斯斯……门门门把把手……"我对自己说。

我又尽量缓慢地重复念了几次。

"现在我想让你对自己唱诵这个词。在接下去的 15 分钟里不停唱诵。"

露丝看着我，我估计自己当时看她的那副表情，一定写满了"你有病吧"。

"集中精神在每个词的发音上，摒除杂念。"

她是对的。当我唱诵我自编的"咒语"的时候，很难会想到别的事情。即便是我在一遍遍地重复"克莉丝"和"门把手"这两个词的时候，我其实既没有去琢磨克莉丝本人，也没有想着门把手。克莉丝是否注意到我的存在，她会怎么看我的门牙，有没有发现我脸上的青春痘，这些通通都不重要了。重点是，我再没听到脑袋里那位主持人的声音了。他终于闭嘴了。

回到家我继续练习唱诵我的"咒语"，有时一次可以念好几个小时。当时反复地唱诵对我具有神奇的镇静效果。现在我已经知道了背后的原因：刻意、重复，这些都是已被验证的能够改变大脑的途径。将露丝教给我的呼吸技巧，和凝视烛火或是慢慢唱诵相结合，事情开始发生变化了。

终于，我爸爸回家了。这一次他看起来宿醉未醒，似乎略有悔意。妈妈从她的房间走出来，然后一切照旧。依然是例行的吵架。不过这次他们可吵的事情又多了一个——我们又收到了驱逐信。在那之前几个小时里,我都在自己的房间里练习呼吸和唱诵。我径直走到父母的房间,脱口而出说我爱他们。我自己也完全不知道为什么会这样做,只是发现我能用一种不同的角度来看他们了。之后我就又回到自己屋里,既没觉得生气,也没感到难过。我接受了此刻的现状。那之后的几分钟里,无论是我脑袋里面还是外面,我都没有听到任何声音。家里突然安静下来。我又走回客厅,发现父母都安静地坐在那。

"一切都会好起来的。"爸爸说。

"我们也爱你。"妈妈接着说。

那一刻,我不知道事情是否真的会好起来。我知道他们尽了全力来爱我,虽然和我一直以来希望的方式有所差别,但那一刻,我心满意足。

我见到的第一个人脑,是漂浮在装满福尔马林的玻璃罐里的。它是灰色的,皱巴巴的——看起来像一颗硕大的核桃,或是一块三磅重的隔夜汉堡,完全不像是能主宰所有人类功能的超级电脑。我盯着这坨褶皱,纳闷这一团灰白色啫喱状的东西，怎么会是我们思想、语言和记忆的来源。我学过大脑哪些部分负责语言、味觉或运动能力，但没人能告诉我——至少教科书和手术中学不到——哪片大脑我一刀划下去，就能流淌出爱来。没有哪个横切面能定位到驱使一位母亲养育和保护子女的动力；更没有哪怕是一小片组织，能让我通过活检找出是什么在推动一位父亲去打两份工，只为能给孩子提供比自己童年更好的生活；也没有一处中枢，可以让我指着这个位置说，就是这儿决定了我们会去救助他人，或是在灾难面前使陌生人团结到一起。

到底大脑的哪个部分，指挥露丝给了我这么多她的时间和关爱呢？

不论在那个漂浮在福尔马林中的大脑上，或是带着显微镜执行脑外科手术的时候，我都找不到这样的脑区。在医学院学习期间，多少个不眠之夜，我都在用自己的大脑思考着关于大脑的问题，再用自己的思维反思其中的矛盾。我们如何能区分思维和大脑呢？我可以给大脑做手术，但我没办法给思维动手术，可脑部手术又会永久性地改变一个人的思维。这是一个有关因果的悖论，就像先有鸡还是先有蛋的问题，循环不断。有一天我把这个问题抛给了露丝。

"吉姆。"她说,"你饿的时候,肯定不在乎先端上来的是鸡还是蛋,对不对?"我倒是常常挨饿,这么想的话,无论是先吃一只鸡,还是先来个鸡蛋,都挺让我开心的。

露丝总能把问题分解,然后从不同的视角来分析。渐渐地,她也教会了我如何从不同视角来看待自己的感受和想法,学会察觉自己的思维——从而使大脑获得了反观其身的能力——正是最伟大的奥秘之一。

我们只剩下两周时间了。正当我不断总结如何察觉自己的想法,从而从自己的思维中脱离出来的时候,露丝又抛出了个新戏法。

"吉姆。"她说,"你见过魔法师把人锯成两半的魔术吗?"

我点点头:"当然见过。"

"我们来学习一个类似的技术,不过对象是你的心。我们要把你的心打开,从正中切开。"

我不知道她在说些什么,但到现在为止我已经习惯了露丝把不同的东西丢给我,我知道我需要做的就是坐稳,扣好安全带,享受这个旅程。

露丝的魔法　第二招
　　　驯服思绪

1. 放松身体后(参见露丝的魔法第一招)，就可以开始驯服思绪了。

2. 先将注意力集中到自己的呼吸上。你的脑子里可能会冒出各种各样的想法，你会被这些想法牵着走。这很正常。每当这种情况发生的时候，只需将你的注意力拉回到呼吸上。对有些人来说，想着自己的鼻孔，感受空气是如何在其中进出的，能帮助他们把注意力集中回来。

3. 还有一些其他手段能帮助你摒除杂念，比如唱诵一个"咒语"，不断重复地念一个单词或短语，也可以尝试凝视烛火或某一个物体。这样做可以避免你为杂念分神。在一些文化传统中，老师会传授给学生一个秘密的咒语。但你其实可以选任何自己喜欢的词作为你的"咒语"。你也可以凝视烛火或者某一个物体。每个人适用的方法都不一样，找到最适合你的方法就好。

4. 这需要花时间反复练习才能做到，不要灰心。做好准备，你可能得用几周甚至更久才能体会到其中的益处。你会变得平和，不再纠结于那些让你分心的杂念和负面思维，更不会让它们牵动你的情绪。一旦你不再为脑袋里那些对话而分心，就能逐渐体会到一种由纯粹的放松所带来的平静。正是这些杂念和负面思维所引发的情绪反应，影响了你身体的每一部分。

5. 每天要进行20～30分钟的练习。

◎驯服思绪会让你头脑清晰

# 4
## 成长之痛 Growing Pains

那天我特意提前出门，骑车前往魔法店，因为据说当天兰卡斯特的气温将创八月新高，会突破100华氏度（37.8摄氏度）。天空中满是缥缈的云，是那种烟灰色的，一点儿都不白。天不阴不晴的，地面上放眼望去到处都是灰色和褐色。大地上卷起的热浪透过脚踏板直冲到脚底，我腿上的汗毛都快被烤化了。我得双手交替扶着车把，要不感觉手都会被灼伤。进入K大街的时候，我开始尝试脱把骑车。正当我渐入佳境的时候，忽然听到圣公会教堂旁边的空场上传来喊叫声。

我认出了那个正在打人的高个子男生。他比我高两个年级，我哥哥和我都被他推搡过，还被打过几次。他和他的那个喽啰甚至还朝我们吐过口水。这俩人总厮混在一起，学校开课的日子里，每天下午3点到5点，他俩都会横行兰卡斯特。看来暑假他们还要"加班"呢。现在还不到上午10点，我看见他俩一个人正对一个孩子拳打脚踢，另一个人在旁边叫嚣助威。被打的孩子头朝下蜷缩在地上，看不到他的脸。他用胳膊抱着脑袋，努力想保护头部。我突然担心那个被打的男孩会是我哥哥，随后想起，我刚才出门的时候他还在家。

我鬼使神差地下了车，冲着他们喊起来。我已经习惯了保护我哥哥，直到成人后我依然保持着这个习惯。我并不是想找茬打架，至少不想招惹那两个家伙。他们一开始没听到我的喊声。我走上前去，越靠近越能感受到他们往那个男孩儿身上打的每一拳，踢的每一脚，我的心开始在胸中怦怦乱跳。我做了次深呼吸，又大喊一声："住手！"

高大的那个家伙本来骑在那个男孩的身上，听到我的喊声，站起身来，显得壮极了。他冲着我狰狞地一笑，又往男孩儿的肚子上踢了一脚。我不由得打了一个激灵，感觉这脚像是踢在了我的肚子上一样。

"我看看谁能让我住手？"

他们的注意力全都转移到我身上。我看到地上那个男孩儿翻了个身，正慢慢爬起来。我在学校里见过这个男孩儿。想不起他叫什么了，不过我知道他家是去年搬到这里来的，他爸爸在空军基地工作。这个男孩儿满脸都是血，眼镜落在一边，沾满了灰尘。他简直只有我们几个一半高。我其实和那两个大孩子个子差不多，但他们至少比我重三十磅。我看到那个男孩儿爬起来，蹒跚地向教堂走去。我无法责怪他急着想赶紧逃走。

"想替他，是吧？"

这两个男孩逼近我，我嘴里开始发干，耳朵嗡嗡地叫。我想做几次露丝教我的深呼吸，但似乎依然没法往肺里灌入足够的空气。

看来不妙。

"你当自己是个什么英雄好汉，是吧？"

我没说话。我试着像在魔法店里学到的那样，开始放松我的双手和双腿。我用脚掌上下颠了几下，开始清除杂念。如果必须要打的话，我就打。我不打算逃跑。

"我要把你打得屁滚尿流，然后把你的自行车骑走。"

我仍然没有开口。我察觉到他的同伙正慢慢朝我背后移动。我没有动，紧盯着面前这个爱打人的大个子。他是带头的那个。他把脸凑向我的脸，近到我都能看清他嘴角的白沫。气温每一秒都在升高,他的脸上脏兮兮的,全是汗水和泥点。

"除非你亲我的脚丫子。"

我想到了正在魔法店里等我的露丝和尼尔,他们肯定觉得我现在该到了。要是我去不成,露丝会不会以为我今天逃课了?万一我浑身是血倒在这儿,会有人发现吗?刚才被揍的那个男孩子是不是去找后援了?眼前这家伙,是不是一大早吃了牛奶麦片,还没顾上擦嘴,就跑出来打人玩了?类似的念头在我脑海里不断地涌现出来,我只是盯着那男孩儿嘴角的白色污渍,把它当作我练习时看的那团烛火。

"亲我的脚!"

我抬起头看着他的眼睛,第一次回答他的话:

"不!"

他伸出手,一把揪住了我的T恤。

"亲我的脚。"他威胁地大吼。他的嘴角有隐隐的笑意,是那种知道自己有能力凌驾于他人之上的奸笑。我们脸对脸站着,我能闻到、感觉到他的呼吸。我闭了下眼,而就在闭眼这一瞬间,有什么东西突然变了。

我睁开双眼,盯着他的眼睛,一直望向他眼睛的最深处，就像我们想要用心体会什么人或什么事的时候会做的那样："你想对我干什么都请便，但我绝对不会亲你的脚。"

他突然大笑起来，抬头望向他的同伙，冲另一个男孩挑了挑眉毛，然后目光又落回我身上。我的眼一不眨地盯着他。他抬起拳头，撤回到耳后。我毫不畏惧，依然紧盯着他的眼睛，那一刻，无论是他的强壮，还是他的还沾着上一个男孩鲜血的拳头都无法吓倒我。我不会让步，不会让他的气焰压倒我。我绝对不会亲任何人的脚，绝对不！

就在我们的眼神锁在一起的时候，突然有一刻，我看透了他，而且他也清楚我看透了他。我看到了他内心深处的恐惧和痛苦，那些他用暴力和欺凌来遮掩的恐惧和痛苦。

他迅速地撤回了眼神，瞅了一眼他的同伙，又回头看了看我："真是浪费时间！"

他松开我的衣服，一把将我推开。我踉跄地往后退了一步，不过并没有摔倒。

他迅速地又扫了我一眼，然后转过身去说："这天儿也太热了。我们走！"

另一个孩子从背后推了我一把，但更像是做做样子那种，而非真的挑衅。我猜他没意识到刚才发生了什么。两个人就这样走开了,我看见那个跟班儿在质问他,估计想知道为什么他没有暴打我一顿。带头那个孩子推搡了他一把,说了句"闭嘴",两个人都没再回头看我。

我做了几次深呼吸,看着他们确实走远了,才回到自行车旁。我不确定刚才到底发生了什么,也不知道自己到底为什么要这样做,不过这种感觉很不错。突然我意识到自己迟到了,露丝一定还在等我。希望她不会以为我要放她鸽子。我赶忙跨上车,以最快的速度向魔法店飞奔而去。

我上气不接下气地冲进店里,想要告诉露丝和尼尔刚才路上发生的事。我刚刚捍卫了自己,还保护了一个没有抵抗能力的孩子。这或许是人生中第一次我觉得自己像个英雄。露丝要知道刚才发生了什么,一定会原谅我迟到的。

"露丝。"我大声喊道。奇怪的是,露丝和尼尔都不在柜台那边。"露丝!尼尔!我来了!"

没人答应。

我往后面的办公室走去,这时我听到了他们的声音。露丝和尼尔在争吵,我从没见他们争执过。

"他还是个孩子。"

"他一辈子都会记得的。你得把事情纠正过来。"

"太晚了,伤害已经造成。等他大一些,我会跟他解释的。"

"伤害可以,也应该被修复。"露丝听起来很气愤。

我从没听过她用这样的语气说话,不禁担心起来:我做错了什么吗?他们是因为我迟到才吵起来的吗?这些猜测似乎都不怎么合逻辑。尼尔要给我带来什么伤害?他要等我大一些再跟我解释什么?

"尼尔,每一个人都会犯错。我在你身上也一样犯过错。但你听我说,现在还不晚,你还能把事情扭转过来。要是不这么做,将来你一定会后悔的。相信我。"

一切又回归平静。我不想他们走出来的时候发现我在偷听。我退回到店铺门口,又开了一次门,喊了他们的名字,希望这样他们就不会知道我听到了前面的对话。

"哈啰。"我大喊,"露丝,我来了!"

露丝从办公室走了出来。她眼睛红红的,这样的眼睛我在妈妈那里看到太多次了。我知道她肯定哭过了。

"吉姆。"她说,"你迟到了。"

"真不好意思,在来这儿的路上,我碰上了点小麻烦。"

露丝从头到脚的仔细看了看我:"你T恤上那些是血迹?"

"是。"我回答说,"不过别担心,不是我的血。"

露丝笑了:"这样我会更担心的。来,到后面来。"

我经过尼尔的时候,他含糊地说了句"你好",看也没看我一眼。我不知道自己做了什么,或者他做了什么,但肯定不是什么好事。他现在看起来像是很讨厌我。

露丝让我在椅子上坐下,带我做了放松练习,然后让我在脑中唱诵我的"咒语"。我照做了,可这一次,我脑袋里总忍不住回放我刚才听到的那段对话。尼尔对我做了什么错事?什么事情那么坏,能把露丝都惹哭了?我受不了了,这种状态下我自然不可能驯服我的思绪。

"出什么事了?我做错什么了?为什么尼尔会生我的气?"我依然闭着眼睛,但这三个问题已经冲口而出。我睁开眼睛,看到露丝正疑惑地看着我。

"为什么会觉得你做错了什么?"她问。

"我听到你和尼尔因为我而争执,我在门外听到的。他讨厌我。"

露丝仍旧看着我,然后她点了点头。

"你全听到了?"

"是的。"我难过极了。我就知道露丝和尼尔太完美了，这一切肯定是不真实的。我觉得今天肯定是我在魔法店的最后一天了。

"真的吗？那尼尔说了些关于你的什么呢？"

"他说……"

我回想了一下，但记不起尼尔刚才确切说我什么了。

"什么呢？"露丝追问道。

"就是一些关于……什么伤害已经造成了什么的。"

"你听到他提你名字了？"

"没有，倒也不完全是。"我说。我真想不起他们提没提我名字了，但是我能感觉到那和我有关。我更难过了。露丝要对我撒谎吗？她是想告诉我他们刚才的争执不是关于我的？

"吉姆。"露丝温柔地说，"我们刚才并不是在讨论你。我们在说我的孙子。"

"你的孙子？"

"对的，尼尔有个儿子。这事很复杂，挺让人难过的，我很想念我的孙子。"

"他多大了？"

"跟你差不多大。"

"他在哪儿呢?"

"现在在他妈妈那儿。不过这些都不重要。问题是,你为什么会觉得我们的争吵是关于你呢?为什么你觉得尼尔讨厌你?"

我不知道该怎么回答,我只是有这种感觉。

"吉姆,我们每一个人都会经历一些让自己痛苦的事。我和我的孙子、儿子目前的状况让我很难过,就像个伤口一样。你看,要是我的膝盖破了,我该怎么做?我可以关注它——给伤口消毒,缠上纱布,让它好好愈合。或者我也可以无视它,假装自己没受伤,假装自己一点儿都不疼,把裤腿放下来用布盖上,然后期待它自己消失。这样处理的话,伤口能愈合吗?"

"不能。"

我又一次发现自己不知道她到底想说什么了。

"同样的道理,我们心里的伤口也是这样的。伤口需要我们的关注才能愈合,不然它们就会让我们一直疼下去,疼很久很久。每个人都有受伤的时候,生活就是这样的。但是,那些让我们受伤、让我们痛苦的事,往往都有神奇的功效。当我们的心受伤的时候,正是它能够打开的时候。痛苦和困境能让我们得到成长。因此,你应该张开双臂，去拥抱生活给你的每一次痛苦、每一种困境。我替那些没经历过风雨的人感到悲哀。没有经历过痛苦和磨难，就无法得到这份生命的馈赠，也没法学到真正的魔法。"

我冲露丝点了点头。其实，我总会把自己和那些衣食无忧的朋友作比较。那些人不会知道，当你在杂货铺排队交钱，然后妈妈掏出一张福利券的时候，收银员看你的眼光是什么样的。他们也不会知道，挤在救济站的队伍里，等着别人施舍给你一点奶粉、黄油和一块惨白的奶酪是一种什么感觉。他们的父母不吵架、不酗酒、不会服药过量。他们不会晚上躺在床上翻来覆去地琢磨自己做错了什么事让家人这么不幸。他们有车子有票子，有漂亮衣服有朋友，还住在大房子里。可露丝却替他们感到悲哀？

"吉姆，我要教你的下一个魔法，是打开你的心。这对很多人非常困难，但对于你，可能会容易一些。"

"为什么？"我问。

"因为生活已经开始让你的心打开了。吉姆，你关心别人。你关心你的家人，你关心哥哥、妈妈，甚至你爸爸。即便你以为尼尔生你的气了，你依然还关心他。你是在乎的，所以才能每天到这里来。我绝对相信你有关爱别人的能力——这是把心打开的一部分。"

我想起了早上挨揍的那个男孩儿，我不怎么认识他，不过我的确关心他，所以才会停下自行车。我在乎是因为我也可能（确实也曾经是）处于同样的处境。我在乎是因为自己经历过无数次类似的痛苦和羞辱，所以我知道有多疼，真的很疼。

"把心打开的另一部分，也是你需要努力练习的，是要关爱你自己。"

我挺关心我自己的。这个应该不难。

"你以为我和尼尔刚才在谈论你，这其实是有原因的。从你听到的只言片语，到下结论尼尔讨厌你，这中间你跳过了很多步。"

"我不过是误会你们的话了。"我说。

"当然。"露丝笑了，"误会经常发生，我们会相互误会，也会误解我们自己，会误读情境。这是个很好的教训，要认识到周围的事情并不都是关于'我'的。我想在处理我孙子这件事上，我也需要注意这一点。"

我点了点头。

"在生活中，我们都会选择自己更能接受的说法。当我们还是孩子的时候,手上的选择不多。出生于什么家庭,有怎样的父母,这些都在我们掌控之外。但随着年龄的增长,我们就开始做选择了。有意或是无意的,是我们选择了让自己如何被他人看待。你能接受什么,拒绝接受什么,这些都是你的选择。你必须站起来捍卫自己的权利,没人能替你做这件事。"

我始终没有机会向露丝讲述那天早上我经历的冲突。那之后我也再没有看到她和尼尔争吵。在那以后的一周,每天早上,露丝都会教我如何打开自己的心。她向我解释说,我们脑袋里永无休止的那些对话,往往是极其负面和苛刻的。这些声音会诱导我们做出不利于自己的决定,让我们一遍遍反刍过去的往事,停留在但愿事情能如何或本该如何的冗思上。这都会让我们无法活在当下。那天早上,最初的练习是露丝让我一遍一遍地跟自己说好话。那感觉诡异极了。我一遍遍对自己重复说,我很好,这不是我的错,我是个好人。我就像另一个头脑电台主持人,只不过我说的每句话都是赞美和安抚自己的话。每当我发现自己开始倾听脑海中另一位主持人的声音的时候,就马上关掉它,然后开始对自己重复这些美好的"咒语"。

"我有价值。我被爱着。我被关怀着。我关心别人。我只选择做对自己有益的。我只选择做对他人有益的。我爱我自己。我爱他人。我打开我的心。我的心是敞开的。"

露丝让我把这十句自我肯定的话列下来,每天早晚,以及任何想起来的时候,都要对自己重复几遍,特别是在练习完放松身体和驯服思绪以后。它们听起来都挺假的,好在露丝没要我把它们大声念出来。接着,她让我向自己、家人、朋友,甚至我不喜欢或者我觉得不配的人发出祝福。当她说也要祝福我不喜欢或者我觉得不配的人的时候,我一脸疑惑。露丝看着我,带着最深切的善意说:"吉姆,通常会去伤害别人的人,是因为他们内心受了很重的伤。"但还是很难。比如,如果想到那个欺负我的大孩子,我很难觉得无所谓。我还是会憎恶他,憎恶所有那些欺负过我和伤害过我的人。但是我仍然尝试去照露丝的话做,一遍又一遍。一段时间之后我发现,当我想到这些人会被伤害、被打、会在痛苦中哭泣,然后想想自己也拥有过类似的感受,这个练习就会容易一些。我慢慢意识到,我对别人发火的时候，往往是因为自己在内心深处感到被伤害了。我其实是在生自己的气。以前我从来没有发现过这件事。露丝的话不停在我脑中盘旋："通常会去伤害别人的人，是因为他们内心受了很重的伤。"她说得对。这就是她说的重点。当你可以治愈自己的伤口，让自己的伤口不再疼了的时候，你也就不会再去伤害别人。哇！跟露丝学习是不是其实正在治愈我自己？

　　一周前，露丝告诉过我，她要教给我的最后一课，将让我拥有实现任何愿望的力量。我已经迫不及待了。我开始厌倦讨论心灵的话题。用这么长时间想着我的心，让我觉得很不爽。这唤起了许多痛苦的往事，而这些往事是我在过去花了很多时间才掩埋起来的，好不容易才让它们不再那么痛。不过老实说，虽然每次再把它们挖出来的时候确实都会很疼，但疼痛的级别确实在一次次降低。到最后，我可以在脑海中重演那些往事，并且做出和之前完全不同的情绪反应。我可以回忆着它，但不在伤痛中迷失自己；我可以让它在头脑中流转，但不再深深自责或担心一切其实归咎于我。我能很平和地与它们共处。我发现脑子里的主持人其实还在那，只不过我关掉了他的声音，或者至少，已经把音量调到非常非常小。

露丝把我的心整个儿锯开了，虽然有时还是会疼，但这种感觉非常好。

所有人都有的一个共同的经历，就是我们听到的第一个声音——我们母亲的心跳。这个沉稳的律动是我们和世界的第一次联系，这样的联系不是靠意识来认识的，而是靠我们的心来感知。那些最黑暗的时刻里，我们渴望的，是心灵的慰藉和安全感。心将我们连结在一起，也会在我们分离的时候破碎。心自有它独特的魔法——爱。

威斯康星大学的理查德·戴维森在对慈悲心的研究中，用做过长时间冥想训练的僧侣为研究对象。研究人员向僧侣们解释，他们将戴上嵌入了大量的脑电图（EEG）电极的头罩，以此来测量他们和慈悲相关的脑活动。这些僧侣们听后都笑了。研究人员以为是因为头罩样子太丑而引起他们发笑：那上面挂了无数个电极，拉着长长的导线，活像个爆炸头形状的假发。结果研究人员想错了，僧侣们并不是在笑头罩的样子。后来他们中的一位解释说，他们笑是因为："每一个人都知道，慈悲并非来自大脑。慈悲是心产生的。"

研究表明，心脏也是一个具有智能的器官。大脑可以影响心脏，但心脏也同样可以影响大脑，甚至影响我们的情绪、推理以及决策。心脏并非坐等着被动接收来自大脑的指令，它其实不仅能替自己思考，还会向身体各部位发送信号。从脑干出发，遍布心脏及其他器官的迷走神经，是人体自主神经系统（ANS）的组成部分。

心脏节律的规律，又称为心率变异性（HRV），能反映我们的内在情绪，同样也受自主神经系统的影响。当我们感到紧张或恐惧时，迷走神经的活跃性降低，自主神经系统中的交感神经系统（SNS）就会占主导地位。

交感神经系统和我们体内非常原始的那部分神经结构密切关联，我们在遇到威胁或感到恐惧时，这些神经系统会让血压升高，心跳加速，心率变异性降低。反之，当我们心境平静、开放而放松的时候，迷走神经活跃性会增高，副交感神经系统（PSNS）就占据了主导地位。交感神经系统会激发"战斗—逃跑"（fight-or-flight）反应，而副交感神经系统则启动"休憩—消化"（rest-and-digest）反应。通过测量心率变异性水平，研究人员可以分析出心脏和神经系统应对压力和情绪的状态。感受到爱和慈悲的时候，心率变异性就会上升；缺乏安全感、气愤、沮丧的时候，心率变异性就会下降，变得呆滞而规律。很多人会对此不解，按理说压力升高心跳加快时，心率变异性应该更加混乱、不规则、起伏巨大才合乎逻辑；反之，人们会理所当然地认为当心率变异性平稳规律时，我们应该感觉更放松才对。然而心率变异性的真实反应和我们设想的正好相反。

有意思的是，心率变异性降低是引发心脏猝死的最主要原因之一——长期面对威胁、处于应激状态会导致迷走神经活跃性下降。压力、焦虑、延续不断的恐惧及负面情绪，都会导致血液在回流心脏的时候压力增强。可以把这种身体反应想象成在满座的剧院里高呼"着火啦"，你多干几次的话，总会有人被踩伤、踏伤的。

露丝帮我在大脑中建立了新的神经连接。那是我第一次体会到神经可塑性，即便当时这个术语还鲜为人知。虽然美国心理学家威廉姆·詹姆士在120年前就提出了相关设想，但直到20世纪后期，人们才意识到神经可塑性是真实可能的。露丝不仅仅训练我建立新的神经连接来改变大脑，还教会我控制自己迷走神经的活跃性，从而改变了我的情绪状态、心率以及血压。那时我对让这套技巧生效的生理机能一无所知，但凭直觉就能感受到露丝教我的这些，正逐渐使我变得更加专注、平和，我的免疫力提高了，压力减少了，甚至血压都降低了。我妈妈有一天问我，是不是吸食了什么毒品。到那时为止，我根本没碰过毒品。我对酒精和药物充满恐惧，我妈妈曾经多次用药物尝试自杀。她说我看起来比以往变得更加平静和开心了，不再总是一副一触即发的样子。露丝改善了我的情绪控制能力，提高了我的同理心、社交能力，让我变得更乐观。她改变了我看待自己和看待世界的态度。

而这，改变了一切。

技术高超的魔术大师知道怎样在不知不觉中，控制观众的注意力，操纵他们的记忆，影响他们的抉择。而露丝正是通过教授我放松身体、驯服思绪的技巧，来让我学会掌控我自己的注意力。她教给我的，是全世界最伟大的魔术，比魔术师胡迪尼能制造出的幻境还不可思议，而且是在一群既懂行又吹毛求疵的观众面前——我自己的思绪。

一旦能觉察到自己的思绪，我就可以把自己和它们割离开来。至少,露丝是这样告诉我的。当年我其实也只是似懂非懂。然而即便掌握了露丝教我的这几招,我的生活也没发生多大改变。我仍然住在镇上最遭人嫌弃的地段上,一间小小的公寓里面。我依然很穷。我几乎没有朋友,更没有什么社交生活。虽然我知道父母是爱我的,但生活依然是一团糟。那个年代,要是出生在一个富贵家庭,就肯定会前途无量。但要出生在贫困人家,你就会像那些被催眠师选上舞台,被催眠相信自己是一只鸟的倒霉蛋一样,无论你怎样努力扇动翅膀,也不可能飞起来,只不过会引来观众的哄笑而已。我试着打开自己的心,也尽力去重复那些自我肯定的话。但在我的头脑中,我始终是个蜗居在小小公寓里的穷孩子,既缺少食物,又缺少关爱。

我早已把自己是谁以及未来如何盖棺定论了。那时,我根本做不到把自己的伤痛看成生活的馈赠。我迫不及待地想开始学露丝要教我的最后一个魔法。她已经教授我五周了,还有一个星期她就要回俄亥俄州了。

"吉姆。"露丝说,"我知道有些我教给你的东西,你觉得毫无用处。我希望你知道,它们都是有用的,即便此刻,你还无法意识到。"

我点着头,想打断她,告诉她其实我已经感受到了很多变化。但她没有给我说话的机会。

"我们剩下的时间不多了,吉姆。在最后这点时间里,我要教给你我所知道的魔法中,最伟大的一个。但你必须仔细聆听我说的每句话、每一句。这非常重要。和我们之前练习的那些技术不同,我最后要教给你的这个技术,能让你得到你以为自己想要的一切。但正因为它能带给你任何你认为自己想要的东西,所以也非常危险。你必须明白,你认为自己想要的,不见得是对你或其他人最好的。在使用这个终极魔法之前,你需要打开你的心;找到你想要什么,不然如果你并不清楚自己真正想要什么,而去追求那些你以为自己想要的事物,那么到最后你得到的一定是你不想要的东西。"

哈?再说一遍?

当时露丝跟我说的话,我其实一点都没明白。唯一进了我耳朵的,就是"它会让你得到你想要的一切"。

这个时刻终于到来了。我对露丝的承诺深信不疑,坚信这就是将要改变我一生的魔法了。我试图让她早一点儿开始教授我这个终极魔法,不停地告诉她我的心已经打开了,让我们开始下一步的学习吧。但是她总是看着我摇头。

"吉姆。"她警告我说,"打开你心的这个步骤,我们不可以省略。相信我,这一步是最重要的。答应我,你以后在使用我要教你的魔法之前,必须要先把心打开。我知道你一直觉得我教给你的东西都是些戏法。也许在某些方面,它们确实像魔术戏法。但是你要记住,这些'戏法'具有强大的力量。如果你不认真对待我所说的这些,你是要付出巨大代价的。现在从我这儿就把它学好吧,省得你以后吃了大亏才能学会。"

"我答应你。"为了学到露丝的终极魔法,我可以做任何保证。要不要打开自己的心根本不重要,我非常明确地知道自己想要什么。

非常明确。

我多希望自己当年用心去听了,多么希望自己十二岁的时候就学会,把自己的心对他人和世界敞开。我会少吃多少苦头呢?我的生活会不会完全不同呢?有多少最终以失败告终的人际关系本可以挽回呢?我会成为更好的丈夫、更好的父亲、更好的医生吗?我还会用尽自己的前半生不顾一切去追求眼前利益吗?我会做出哪些不同的选择呢?这些都很难讲了。我相信我们每个人都有要上的课,而有些人注定要在磨砺中学习。露丝已经尽其所能地帮助了我。她教会我捍卫自己的权利，不让别人来决定我的价值、我存在的意义，或是我的潜力。她努力想让我避免给自己制造痛苦。但我太年轻了，而且非常饥渴，她让我见识到如何训练自己的思维，这于我而言，无异于开启了新世界的大门，而我却像敌人一样向这个世界发起了攻击。十二岁的我不可能像今天这样思考问题。要是当时我有现在这些知识，我一定会选择先把自己的心真正打开。头脑确实非常强大，但除非先把心敞开，否则我们是无法得到自己真正想要的东西的。

只要我们能够从伤痛中有所领悟，那么磨难就能转化为生命的礼物。但要是一个人给自己和他人制造了不必要的伤害和苦难，这对自己以及和自己同行的人来说，既不尊重，也不公平。露丝教给了我一些非常强大的魔法，若是当初我能好好听进去她那天的话，我本可以用这样的魔法来减少伤害和苦难，救赎自己和他人。

可惜那时我只是个十二岁的孩子，也只是才刚刚开始学习倾听而已。

## 露丝的魔法 第三招
### 打开你的心

1. 充分放松你的身体（参见露丝的魔法第一招）。

2. 身体放松后，摒除杂念，专注于自己的呼吸。

3. 一旦脑海里冒出什么念头，就将注意力拉回到呼吸上。

4. 继续吸气、吐气，让大脑完全放空。

5. 想一个曾经在你生命中出现的、无条件爱过你的人。无条件的爱不是指完美的爱，也不意味着就没痛苦或伤害。只要这个人曾经在某一刻无私地爱过你，就足够了。如果你想不到一个这样的人，也可以想一个你曾经对他/她付出过无条件爱的人。

6. 继续慢慢地吸气、吐气，感受一下无条件的爱所带来的温暖和满足。感受一下它的力量，体会一下即便你有这样那样的缺点、不足，但依然会被接纳和关爱的感觉。

7. 现在想一个你所关爱的人，有意识地将你刚才感受到的无条件的爱延伸，传递到这个人身上。明白这份馈赠正是你曾经从别人身上得到过的，现在你把它传递出去，让那个人也能够体会到被爱着、被呵护着的感觉。

8. 当你向自己关爱的人传递出这份无条件的爱的时候，再体会一次，在你自己得到这样的爱和接纳的时候，是什么样的感受。

9. 再感受一遍,即便自己并非完美无缺,依然会被关爱、呵护和接纳的感觉。现在想一个你认识,但没什么好恶感的人。有意识地将无条件的爱延伸,传递给这个人。用爱将他/她包裹,祝福他/她幸福、快乐、远离痛苦。把这个人放在心里,想象着他/她的未来,想象着他/她幸福的模样,让你自己浸泡在这种温暖的感觉当中。

10. 现在想一个和你有矛盾或你不喜欢的人。要看到很多时候,人们的行为正是他们自身痛楚的外显。看到他们正如你自己一样:同样不完美,同样有各种缺点,同样会在困境中挣扎,常常也会犯错。想想那个曾经给过你无条件关爱的人,想想那份爱与接纳如何影响着你。把同样的爱传递给那个和你有矛盾或你不喜欢的人。

11. 看到身边所有的人身上其实都有你自己的影子,都犯过错,都走过弯路,都伤害过别人,也都有各自的挣扎,同样都值得被爱。有意识地把无条件的爱传递给他人。在你的脑海中,让他们沉浸在爱、温暖和接纳中。他们对此会如何回应并不重要。

◎关键是要打开你的心。一颗敞开的心才能与他人连接,从而改变一切。

5
三个愿望 Three Wishes

露丝许诺,会在夏天结束的时候,教给我史上最伟大、最神奇、最有力量而且能改变命运的魔法。虽然我还猜不出这到底会是一个什么样的魔法,但已经开始畅想自己有一天将成为全世界最伟大的魔术师了。很多魔术师都能从丝巾里变出只鸽子来,要不就是从帽子里扯出只兔子,或者空手变出一把纸牌。最厉害的魔术师能把他们自己变出来——他们能神奇地突然出现在舞台中央。夏天到来的时候,我其实完全没什么可期待的,但露丝就像那个从神灯里跳出来、能让你许三个愿望的精灵一样,将要教我变出任何我想要的东西。

到了露丝在这里停留的最后一周了。过去的六周感觉像一辈子那么久,又像是一闪而过的瞬间。花六周时间学四个技巧看起来挺长的,但露丝告诉我要真正学会和掌握这些技术,其实需要很多年。她敦促我一定要继续练习,让这些技巧成为我生活中的习惯。每次去魔法店的时候,我们都会不断练习学过的那几招。只有我扎实地掌握了它们,露丝才会同意开始教我下一个技巧的练习。

我试着不去想露丝走了我该怎么办,夏天剩下的日子该怎么过。一想到这些,我就开始焦虑。每次开始担心的时候,我都会练习呼吸,练习放松自己的身体。露丝告诉我担心焦虑都是在浪费时间,可我依然忍不住要担心:担心开学,担心妈妈,担心爸爸,担心一旦九月来了,房租该缴了,我们全家就又会被赶出去。

家里的日子也不好过。妈妈的抑郁似乎又加重了。爸爸最近丢了饭碗,因为他又开始疯狂喝酒,总是缺勤。现在他整天就坐在屋里抽烟看电视。他跟我保证说房租会有的,还老叫我不要担心。但他的保证实在没多大价值。我担心得要命。我担心我们全家会被赶出去。我担心妈妈会用药过量。我担心爸爸又开始酗酒,会花掉我们仅有的一点钱。我也担心哥哥,他常常躲在我们两个人的房间里流泪。我哭不出来,我得把这个家撑下去。爸爸跑去酒吧的时候,我得追过去把他还没花光的那点钱要回来。妈妈再一次自杀的时候,我得和医务人员一起,坐在救护车里带她去医院。别的孩子嘲弄哥哥的时候,我得站出来保护他不被欺负。

一走进魔法店的大门,我内心深处反而有一种到家的感觉。尼尔站在柜台后面朝我挥了挥手。昨天离开的时候,他跟我聊起一个魔术师社团。这个社团必须得有人邀请你才能加入,而且成员必须保证永远不对非魔术师的人泄露任何魔术秘密。

"但我要告诉你一个最大的秘密。"尼尔说,"你必须要相信你自己的魔法。这才是关键。一位伟大的魔术师必须对他向观众所讲的一切都深信不疑,必须对自己充满信心。幻象、掌声、手法,这些都不重要,真正的关键在于魔术师是不是相信自己,是不是能说服观众一起来相信他。魔术从来不是为了要愚弄观众,更不是为了炫耀技巧或是欺骗别人。真正的魔术师可以把他的观众带到一个一切皆有可能的世界里。在那儿,一切都是真实的,所有不可能发生的事都将变成可能。"

我问尼尔,为什么愿意告诉我这些,毕竟我还不是魔术师社团里的人。现在还不是。

"你将来会拥有伟大的魔法,吉姆。我知道你一定会。

我妈妈也知道。但你自己也必须要知道才行。你必须发自内心地相信这一点。这才是最重要的。这是所有魔术最大的秘密。明天你就要开始学习最后一个魔法了，我希望你从现在起就能记住这一点，即便在我妈妈回去以后，也要一直记住这一点。"

露丝点燃了办公室中间一张小桌上的蜡烛。那张桌子小得很，更像是一个电视托盘。我从没见过这根蜡烛。那是根白色的蜡烛，被放置在一个高高的红色玻璃杯桶中，玻璃上装饰着棕色和橘色的漩涡纹路。蜡烛大概有玻璃杯的三分之二高，透过玻璃，火焰仿佛在起舞一般。露丝关了灯，房间暗了下来，比平时显得神秘很多。

"这是什么味道？"我问。

"檀香。"露丝说，"能助梦的。"

我在心里猜测，我们会不会是要做一场招灵会，也许露丝马上会拿出块占卜板什么的。我既兴奋又紧张，好像回到了第一天跟露丝开始学习的那一刻。

"坐下吧。"露丝把手放到我的肩膀上，微笑着。她知道我等待这一天已经很久了。

她坐到了对面，看着我的眼睛，足足有好几分钟："吉姆，告诉我你人生中最想要的是什么。"

我一时语塞。我知道我想要钱，很多很多的钱，多到我永远都不用再担惊受怕，多到我想买什么就能买什么，多到让所有人都仰慕我的成就，所有人都会认真地对待我。有了足够多的钱，我就能过上开心的日子，有了足够多的钱，妈妈就不会再抑郁，爸爸也不用再酗酒了。

"越具体越好。"

虽然感到有些难为情，我最终还是张口说了出来："我想要很多钱。"

露丝微笑着问："多少钱？具体点。"

"足够多的钱。"我回答。

露丝忍不住笑了："吉姆，我需要你大声说出来，到底多少钱算是足够多的钱。"

我仔细想了想。我经常在学校附近看到一个开保时捷911的男人。他应该就住在附近，要不就是在周边上班，反正他看起来挺酷的。我曾经暗自发誓，自己将来也要有一辆那样的车。我记得有一回去同学家玩，同学的爸爸是一个建筑公司的老板，他家的房子简直像个庄园一般，有巨大的后院，还带游泳池和网球场。我将来也想住他那样的房子。我记得同学的爸爸躺在游泳池边，从手腕上摘下他那块镶满钻石的金色劳力士手表，放到一边的桌子上。

他发现我盯着那块表，就叫我过去，让我自己拿着看。那块表沉甸甸的。同学的爸爸告诉我这表是纯金的。我脱口而出，问他多少钱买的，当时完全不知道这其实是个非常不礼貌的问题。他眼都没眨地告诉我，6000 美金。1968 年的 6000 美金可不是小数。我实在想象不出怎么可能花这么多钱来买一块表。当时我暗自下决心，将来我一定也会有块跟他一样的手表。我又想起来，看过《梦幻岛》的电影以后，我还想过将来要有座属于自己的小岛。我希望这些愿望都能成真。我想像电视里的那些人一样，出入高级餐厅，我希望自己能特别有钱，有用我名字命名的地标建筑。等这些都实现了以后，一切就真的都会好了。而这才是我最想要的——希望一切都能好起来。

"很多。"我说，"多到我想要什么就能买什么。"

这次露丝完全没有停顿，继续追问："到底多少钱才算是很多。"

我想了想，本来想说两百万美金，但又怕她觉得我贪心。"一百万美金。"最后我终于张口，"一百万就足够了。"

露丝让我闭上双眼，放松身体，清空杂念。然后她叫我打开我的心。我其实还是不大明白所谓"打开自己的心"是怎么个意思，不过也就点点头假装做到了。"现在，吉姆。"

她说,"我要你看到自己有足够的钱。让这一百万美金呈现在你的脑海里。"

起初我的脑子里浮现出一屋子的钱。一沓一沓的钞票从地板堆到屋顶。露丝问我在想象什么画面,我就直接告诉了她。

"吉姆,我不是想让你看到钞票。我要你想象,当你拥有足够多钱的时候,你自己会是什么样子。你明白我的意思吗?"

"不是特别明白。"我回答说。

"有两种方法来想象你自己的样子。一种是假装你正在看着一部关于你自己的电影。另一种的话,你也可以想象你正透过你自己的眼睛,看着外面的世界。我要你想象出,当你拥有了一百万美金以后,这个世界对你来说会是个什么样子。试试用你那双百万富翁的眼睛来看看外面的世界。想象你已经拥有了你想要的这些钱了,这时候你具体会看到些什么?"

我闭上眼睛,努力想象未来的样子。我看到了一辆保时捷911,银色的。但我实在是想象不出透过自己的眼睛还能看到什么。我能看到自己在驾驶位上,但只能从一定距离以外看到这幅画面,就像是在看电视一样。我看到自己在一家高级餐馆吃饭。我看到一座豪宅，像城堡那么大。我尝试着按露丝说的去做，但根本想象不出来拥有这些东西的时候，自己会是个什么样子。我感觉更像是在看一部电影。而即便是这样的想象，也难以维持几秒钟以上。

我向露丝描述了如何看到自己坐在保时捷911里，但感觉只不过是个电视片。"本来以为挺容易的呢。"我跟露丝说，"但其实挺难的。"

"这要花很多时间，反复练习才行。最终你一定能够在脑海中看到自己开着那辆保时捷。你要试着想象，你的手压在皮质的方向盘上是什么感觉，车里闻起来是什么味道的，发动机的声音是怎样的，低头看看仪表盘你的行驶速度是多少，车窗外的景色如何，是白天还是夜晚，开车的时候你的整个身体是什么感觉……"

"我得把所有这些都想象出来？"

"确实是挺多的，但这正是关键所在。你想要的一切，都可以通过想象自己已经拥有了它来获得。就这么简单，但同时，也就是这么难。"

"我曾经想象，自己在今年夏天来兰卡斯特。我在脑海里已经看到自己和儿子在这个店里。我能看到阳光是如何反射在玻璃窗上，我看到尼尔握着我的手。我还看到一个男孩在和我说话。这些都是我自己在脑海中创造出来的，远早于我计划来这里之前，而我把这些都变成了现实。我之前其实完全不知道自己怎么才能来兰卡斯特，但我相信今年夏天我会在这里。在我的头脑中，我早已身在此处了。"

"你也看到了我？"我问露丝。

"我看到自己和一个小男孩共同度过了一段时光。那时候，我以为这个小男孩会是我的孙子。但结果并非如此。原来要和我一起共度这段时光的是你。吉姆，你看，在我开始观想这趟旅行之前，我是先打开了自己的心的。我打开自己的心，想象我会到一个需要我的地方，见到一个需要我的人。随后，我毫不质疑这一定会成为现实。事情不会总向我们计划的方向发展，但我已经明白，一切终会按它们所注定的方式发生。我不知道这个夏天为什么自己注定是要和你一起度过，但我知道一切必有原因。我相信如果我应该是和我孙子一起，那就一定会发生。吉姆，有句老话说，'当学生准备好了，老师自然会出现。'而你正是那个已经做好准备的人。"

我对露丝的私人生活了解不多。四十五年之后，我得知露丝在之后的那个夏天，也就是在1969年，得以在伊莎贝拉湖镇和她的孙子柯蒂斯共度了一个夏天。而伊莎贝拉湖离兰卡斯特足足有一百多英里。她施展了她的魔法。也许在那时，露丝的孙子终于准备好了，就像当时的我一样。

那天露丝送我回家，叮嘱我要好好练习她教给我的前三个技巧，尤其是打开自己心的那部分。她让我把一生中想要得到的事物列下来："我要你列一个清单，写下十件你想得到的事物。琢磨一下你想要实现什么，想要成为什么样的人。明天回来的时候带给我。"

"我以为只能许三个愿，其实可以许十个是吗？"

"吉姆，你可以许像天上的星星那么多的愿望。但让我们先从你明天带回来那十个开始练习吧。"

露丝之前从没给我留过书面作业。但我按照她说的完成了。

1. **不要被赶出去。**
2. **和克莉丝约会。**
3. **上大学。**
4. **成为一个医生。**
5. **一百万美金。**
6. **劳力士。**
7. **保时捷。**
8. **豪宅。**

9. 小岛。

10. 成功。

第二天,我把清单交给露丝。看完以后,她只轻轻地"嗯"了一声。

"怎么了?"我问她。

"吉姆,你有没有按我说的,先打开你的心,再列这份清单?"

我点头称是。那是我第一次,也是唯一一次对露丝说谎。可我确实不明白该怎么才能打开我的心。露丝教给我的那部分,我其实没太听懂,但我太渴望学到能让自己心想事成的魔法了,我实在不想再回头问她或者是退到前几步的练习去。我只有六天来学习如何把清单上的东西变成现实了。

"我都不知道,原来你想成为一名医生啊。"

四年级的时候有一个"职业日"。那天,社区里各行各业的人会来学校,给我们讲讲他们的工作。我们已经见过了一名消防员、一名会计师,还有一位保险销售人员,但这些人的工作我都不大感兴趣。那位消防员其实挺酷的,不过他提到,大部分时间里,他的工作就是坐等灾难发生。后来有一位却非常不同,他会对所有人微笑。他是一名儿科医生,专门照顾小孩子的。

"能照顾病人,尤其生病的小孩子,是很光荣的,也是种特权。只有非常特别的人才能胜任这样的工作。"他在班里说,"我小时候患有严重的哮喘,有一次差点丧命。我妈妈带我去看医生,我永远都忘不了他的笑容。看到他在,我就知道我不会死了。那时候我就下定决心将来也要成为一名医生。"

他站在讲台上讲述他的工作,光芒四射。"这可不是一份工作那么简单。"他说,"这是一个使命。不是谁都配得上承担这样的使命的。按部就班,朝九晚五肯定是不行的,每天的工作时间都会很长,但那是因为人们信任你。如果让他们失望,可能就意味着死亡。"我环视了一下教室,想看看有没有别人像我这样着迷。他一定也注意到了我的表情,因为课间休息的时候,他特意走过来问我叫什么名字。

虽然我很爱看书,也有几科成绩还过得去,但绝对算不上什么好学生,我觉得学习没用。我爸妈有时候也鼓励我要好好学习,可在家我连能看书的地方都没有,需要指导的时候也没人能帮我。家里的电视总是声音开得很大,爸爸妈妈整天吵个不停。我的老师则更愿意把精力花在那些脑子聪明或能提前预习的学生身上。从没人过问过我为什么迟到，或是为什么没完成作业。我只有在讲笑话的时候才能得到点关注，虽然这些笑话一般会给我带来麻烦。大部分时间我在班里就像隐形人一样。可是对这位先生，我心中却有一万个问题想问。

"你见过别人死掉吗？""你见过婴儿出生吗？""你负责给小孩子打针吗？""要是小孩子在你办公室大哭大闹怎么办？"

我问了得有十几个问题，好多可能跟儿科医生的职责根本没多大关系。但他耐心地回答了我每一个问题。分别的时候，他像对待一个成年人一样握了握我的手。

"没准你将来也会成为一名医生呢。"

我完全无法想象自己有一天能上大学，然后还能成为一名医生。对我来说，这简直和自己有一天能在月球上漫步一样，完全是天方夜谭。但他说这话的时候却并没有开玩笑的意思。他凝视着我的眼睛说："我看得出来你关心别人，我看得出来你将来能成为一名好医生。别小看了自己。"他微笑着看了看我，转身离开了教室。

"别小看了自己"这句话在我的脑海中回荡着。我不是很明白他这话是什么意思。哪里谈得上小看自己，我其实渺小到，根本看不见我自己。

但那一瞬间，我决心要上大学，要成为一名医生，虽然我家里从没有人上过大学。我马上想到了电视剧《班卡西医生》里面的场景，幻想医院走廊的喇叭里正高声广播着我的名字。我现在都记得，他是一名神经外科医生。巧合吗？谁知道呢？但我可以告诉你的是，时至今日，我依然能在脑海中清晰地回忆出那个喇叭广播的声音。

我告诉露丝："是的，我想成为一名医生。"然后又马上更正道，"我知道我会成为一名医生。"其实我完全不知道这个梦想怎么才能实现，我做梦都不敢想象能考入大学，更别提上医学院了。但在那一瞬间，我就是知道我会的。

露丝拍起手来，像是我做了什么特别棒的事似的。

"这就对了。"她说，"就是要这样。"

"就是要哪样？"

"要自己知道。你必须要知道自己会成为一名医生，然后，在脑海里描绘出你已经成为一名医生的样子，用你已经成为医生的双眼来看外面的世界。"

我闭上眼睛试了一下。但这太难了。我只能将将看到自己是一名医生，低头能看见身上的白大褂。但画面是模糊的。"太模糊了。"

"这就是为什么你必须先放松身体,摒除杂念。"露丝说。她又带着我从第一个技巧开始练习了一遍,"现在你的注意力集中了,我要你设定好自己的意图。"

"我的什么?"我睁开了眼睛。

"你的意图。如果你放松了身体,清除了杂念,然后打开了你的心,你就能设定一个清晰的目标。你想要成为一名医生,这个意图必须非常明确。"

我再次合上双眼。我的目标是要成为一名医生,我非常清楚自己是要成为一名医生。我想要做医生,毋庸置疑。总之,我也不知道该怎么想才好,干脆就把所有的说法都试了一遍。

"来,吉姆,想象你正往窗外看。窗户上满是雾水,就好像天冷的时候,你坐在车里向外看到的一样。你的意图就是那个除雾开关。反复强调你的意图,窗户就会变得越来越透亮,水雾将慢慢消退。窗的那边就是已经成为医生的你。你能从窗户中看到的景象越清晰,你所看到的就越有可能成为现实。"

我一遍一遍地尝试,最后终于能在脑海中透过一扇玻璃窗,看到自己身穿白大褂的样子。

"继续练习下去。"露丝说,"日复一日,月复一月,年复一年，你能透过窗子看到的一切就会成真。你越早观想出窗子中的景象，或者说想象出窗的另外那边你已经成为的样子，你看到的就会越快发生。"

"真的会这样吗？"我问露丝，"你保证这个魔法一定会奏效？"

"我保证。"露丝说。"我从没对你说过谎，吉姆，现在也不会。但你确实需要努力练习，而且有些愿望需要花更长的时间才能实现。另外，事情也不一定会完全按你所期望的发生。但我向你保证，所有清单上的愿望，只要你能用心感受到，能在头脑中观想出来，只要你真的相信并且努力练习，就都一定会发生。你必须能看到它，当然还需要追求它，坐在屋里什么都不干肯定是不行的，你必须真的努力去取得好成绩，也必须考进医学院学习如何成为一名医生。但同时，一种神秘的力量，会把你的愿望带到你身边，你会变成你观想到的样子。如果你同时用了自己的头脑和心，愿望就会成真。我向你保证。"

那天我回到家，决定把露丝这个夏天教给我的东西都写下来，免得将来忘了。我打开那个藏宝贝的木盒子，拿出我的笔记本，翻到空白的一页，在抬头写下"露丝的魔法"，再翻一页，开始写下所有我学到的东西：如何放松身体，如何驯服思绪，如何打开我的心，以及如何设定自己的意图。我把能记得的露丝说过的每一句话都写了下来，即便当时有一些我并不能理解。我还在边边角角的地方做了注解，我想记住每一个细节。我把自己那十个心愿也抄写了一遍。

自己的第一个心愿，是"不要被赶出去"。我重新温习了一遍露丝教我的最后一个技巧。她说过我要观想想要的东西，一遍遍对自己强调自己的意图，然后在脑海中描绘出清晰的场景。那我肯定不该构想自己不希望发生的场景。可我不知道怎么想象"不被赶出去"。

我们以前也被驱逐过。警察出现在门口，给妈妈出示一张驱逐令，之后房东雇来的人就会把我们的东西扔到大街上……我不想在脑海中反复上演这样的画面，但它却如此清晰，我又该怎么想象它没有发生是个什么样子？所有的邻居和朋友都看到我们被轰到大街上。我们无处可去，只能去流浪汉收容中心，我们所有的衣物都直接被拉到垃圾场。我实在不想再看到这样的画面了，太痛苦了。

我仔细回想着露丝的话，决定试着想象相反的场景。这周剩下的时间里，只要不在露丝那里，我就会想象我们全家住在自己家里。我在脑海里看到我们付了房租，看到我们开心的样子。我逐渐擦去了玻璃窗上的水雾。

有时候我依然会想到警长来敲门的画面。那敲门声简直太恐怖了，又响又粗暴，不理都不行。我知道这样的敲门声意味着什么，也清楚下个月的第一天就在眼前了。那时露丝就会离开这里，而我将无家可归。两种相反的景象在我的脑海里不断争战。但每一天我都会把头脑中的玻璃窗擦得更干净一点，我看到妈妈在付房租的样子，看到我们还住在公寓里。我不断对自己默念："我们会付房租的，我们不会被赶走的。"

那一周露丝和我每天都在练习，直到我们分别的那一刻。在魔法店里，她指导我观想自己成为一名医生，而我则会回到家，想象房租最终能被清付的场景。爸爸有次提过他在等一笔别人欠他的工资，但我完全不信。这话我听多了。被驱逐之日将近，而我则在尽我唯一能做到的努力来避免它的发生——运用露丝的魔法。

周六上午，我和露丝告了别。她拥抱了我很久。

"我为你骄傲，吉姆。"

"谢谢你，露丝。"我说，"感谢你教给我的一切。"

跟露丝告别很怪异。本以为应该要隆重很多，但其实极其平淡。尼尔正招呼着一位顾客，也只是对我挥了挥手。

露丝说,她要在店里等尼尔下班,送她去机场。然后就这样了,我骑上车,回了家。

敲门声响起的时候,我正坐在自己屋里。我本来满脑子都在想着露丝的离去,所以被惊得打了一个激灵。又是一阵敲门声。这回听起来愤怒而坚持。我的胃一阵抽搐,心脏在胸中跳得怦怦响,感觉自己像被钉在了地板上一样。敲门声再次响起。我知道妈妈这时一定正躺在床上,爸爸和哥哥都不在家。我必须去开门,没别人了。

我从厨房的窗子望出去,以为会看到警长的警车停在门口,会看到警长站在门前。但我却看见了一个身穿西装的陌生男人。我打开门。他看了看我,说找我爸爸。

"他不在家。"我说。

"麻烦转告你爸爸,实在抱歉,我之前没能付他工资。请你把这个信封转交给他,替我感谢他对我如此耐心。"

他递给我一个信封,转身就走了。我关上门,低头瞪着手中的信封。信封正面写了姓名和地址,我把信封翻过来,发现没有封口。我掀开一个缝,看到信封里是钱,很多很多的钱。

我赶紧跑到卧室把信封交给妈妈。她打开信封,慢慢地数着里面的现金。这些钱不仅够付未来三个月的房租,还能富余出来一些还账单,甚至买点食物。

我简直不敢相信,**魔法灵验了**,它真的是有效的。

"我得赶紧出去一趟!"我向妈妈大吼一声。

骑上车,我用最快的速度冲到了魔法店。露丝正和尼尔一起走出门。"露丝!露丝!"我大喊。

他们俩在人行道上停了下来。

"真高兴你能回来一趟。"尼尔说,"这个还没给你呢。"他给了我一个店里的袋子,"即便我妈妈不在,也随时欢迎你到店里来。"

我说了句"谢谢",尼尔就走到车旁去等露丝了。

我看着露丝的眼睛说:"魔法生效了。"我的眼里含着泪水,"那个魔法,真的是有效的。"

我还坐在自行车上,露丝伸手搂住我,给了我一个拥抱:"我知道,吉姆,我知道。"她后退一步,开始朝车的方向走去,突然又转过身:"现在你明白了,对吧?你自己内在的力量?你已经做好学习的准备了,而我恰好有这个荣幸来教你。我们都有各自内在的能力。有能力是件好事,但如果碰到还没准备好的人,这样的能力会带来伤害,带来痛苦。你要记得,吉姆,是你的思维创造了现实。如果你不去创造自己的现实,别人就会替你创造。"

我目送她上车远去，自以为听懂了她最后告诉我的这几句话，然而并没有，简直连个边儿都没沾上。在生命中后来的日子里，我才终于真正理解了这些话的含义。但在那之前，我将会体验到当这样的能力在一个还没有准备好的人手中的时候，会造成怎样的痛苦和灾难。而我，正是那个还没有准备好的人。

我看了看尼尔送我的那个袋子。里面有一个塑料大拇指和几副做过标记的纸牌。我想了想尼尔，合上了袋子。我确实非常喜欢尼尔的戏法，但这些跟露丝教我的魔法根本不能相提并论。我掌握了更好的东西，要比魔术强大得多的东西。我将要实现自己所有的愿望，其中一个就是不再受穷。我不喜欢没钱，不喜欢被那些住豪宅、开好车、有好工作的有钱人把我看成垃圾的感觉。我将拥有一切。没有人可以再看不起我。我将要成为一名医生，成为一个众人仰望的人。我将要拥有一百万美金，拥有权力和成功。我已经知道该如何实现，露丝已经教会了我。这魔法拥有我从未可想的力量。而这样的力量竟然就一直在我自己的身体里面，我却毫不知情。我要训练我的思维，我会不断练习，更刻苦地练习，实现更多的愿望。我知道我有这样的力量。

我们没有被赶走。这一件事就足够证明一切了，露丝的魔法是真实而强大的。我在清单上划掉了第一个愿望，我知道剩下的愿望也将会被划掉。

我讨厌兰卡斯特。当然，我的家庭状况在很大程度上决定了我对这里的感受。但如果不是兰卡斯特，我就没机会学到让我成就非凡的魔法。有幸能在那个时间、那个地点，遇到了对的人，为此我心中充满感激。这个人用她的魔法改变了我的大脑。

遇到露丝之前，我的生活千疮百孔。现实有得有失，然而命运却充满不公。我看不到自己有任何可能去摆脱我父母生活着的、那个狭隘而苦难重重的世界，或是成为一个重要的人。遇到露丝之后，我的世界变了，我看待自己的方式变了。我相信世界充满无限可能，相信自己可以创造出任何我想要的生活。这样的信念给了我生活的意义和勇气。说到底，我们其实都有能力学会这样的魔法，我只是开始学会运用自己的思维。我决定从此以后好好运用这样的能力，任何人任何事都无法阻止我。

## 露丝的魔法 第四招
### 明确你的意图

1. 找一个安静的地方坐下来，闭上眼睛。

2. 想一个目标或一个你想实现的愿望，即便这个愿景的细节还没有成形也没关系。重要的是这个目标或愿望不能包含伤害他人的内容或是不良企图，否则即便这个技巧能帮你实现它们，最终结果也还是会给你自己带来痛苦和折磨，让你不快乐。

3. 彻底放松你的身体（见露丝的魔法第一招）。

4. 身体放松以后，将注意力集中在你的呼吸上，摒除头脑中的杂念。

5. 脑海中出现杂念的时候，将自己的注意力拉回到呼吸上就好。

6. 继续吸气、吐气，彻底清空杂念。

7. 现在想着你的目标或愿望，观想自己已经将它实现。坐在那儿，让这样的景象停留在脑海中，同时继续缓慢地吸气、吐气。

8. 感受一下目标实现或愿望达成所给你带来的积极情绪，体会一下能将一个想法转化成现实的美好感觉。一边观想愿望实现以后自己的状态，一边好好品味随之而来的那种积极体验。

9. 一旦你能够观想到自己已将愿望实现了，并且体会到随之而来的积极感受，就可以开始给这个场景加入细节。你的外表看起来是什么样的？你身在何处？人们对你有哪些反应？细节越多越好。

10. 每天重复练习一到两次，每次十到三十分钟。每次练习从观想你的目标或愿望已经达成开始。好好体会那种积极的感受。每次观想的时候都多加一些细节进去。最开始这些场景可能模糊不清，但它会随着练习变得越来越清晰。

11. 练习过程中，随着你的意图在潜意识中不断加深，你的愿景也会变得越来越细致，事情的发展以及最终目标实现的方式可能会让你感到惊讶。重要的是目标本身，而不是它达成的方式。

◎只有意图明确，你的愿景才能实现。

# PART TWO
# The Mysteries of the Brain

第二部分

# 大脑的奥秘

# 6
## 付诸实践 Apply Yourself

要是我的人生是部电视剧,尤其是二十世纪七十年代流行的类似美国广播电视公司制作的《课后时光》那种,那么从全家没被赶出去开始,露丝的魔法就该让我的人生反转了。我爸爸应该戒了酒,妈妈会永远摆脱抑郁症的魔爪,我家应该财源滚滚,全家人像电视剧里那样亲密无间、幸福快乐,直到永远。就算《脱线家庭》也没我们家传奇。

可露丝的魔法不是这样奏效的。囚禁在神灯里能满足一切愿望的精灵,在现实中还没有被释放出来。家里也并没发生什么神奇的变化。爸爸依然酗酒,哥哥还是躲在自己的世界里,妈妈依然在与抑郁症斗争着,还得了癫痫。是的,我确实学习了魔法,但我必须不断练习,不断完善,继续努力去相信一切不可能都能变为可能。我可以为自己创造出新的现实,却无法改变我爱的人们,不论我有多么强烈的意图。他们必须要自己下决心,去改变自己的现实。但他们却没有去做。作为一个孩子,最痛苦的事可能就是生活要仰仗别人,不受自己掌控。对一个孩子来说,别人的决定可能会给你带来深深的伤害,留下终身的疤痕。

虽然我无法改变其他人的生活,但我知道我能改变自己的现实。我知道我清单上的每一个愿望都会实现。露丝离开后不久,我就完全记住了清单上的内容,把它和戴尔·卡耐基的书,还有尼尔送我的魔术道具一起,收进了藏宝盒,记录着所有露丝教授内容的笔记本也放在那个盒子里。

我每天早晚都会进行练习,日复一日,月复一月。职业运动员会不断在脑海中重复想象他们的技术动作——一个完美的跳投,一杆进洞,一杆高飞全垒打——从而改变他们的生理机能。他们反复想象这些动作能在大脑中创建神经回路,从而指导他们的肌肉执行新的技能。而我也一样,运用视觉图像,在大脑中创建出新的神经通路。大脑分辨不出真实体验和精神高度集中所构想出来的画面。远在申请大学或医学院之前,我就通过观想自己成为医生的场景,在思维里训练自己成为医生了。大脑还有另一个神秘的特性,那就是它永远会选择更熟悉的事物。通过想象自己未来的成功，我让自己的大脑对我的成功更加熟悉。意图是个有趣的东西，大脑总会选择去看到它希望见到的东西。你有没有曾经想买某个型号的车，然后突然发现不论你走到哪儿，满大街都是这个型号的车？是你的意念突然把这些车变魔术一样在大街上变出来的吗？还是因为你大脑的注意力集中到了某个事物上，才让你终于注意到那些其实一直就在身边的东西？"心想事成"这句宽慰人心的鸡汤，其实也正是神经科学和大脑可塑性的力证。意图是个强大的东西，它可以真实地改变我们的大脑，使大脑掌管学习、执行区域的灰质增加，让我们梦想成真。露丝教会我专注在我期望得到的事物上。我难道想要过穷困潦倒的日子吗？就因为我领政府福利，在一个酗酒的家庭里长大，我就该接受自己的生命无足轻重吗？我出身贫寒就意味着不能期待自己将来有所作为吗？

露丝教会我把注意力和意图，从我是一个被忽视的穷孩子这种个人定位上移开，集中到我心中最渴望的事物上——金钱、劳力士、成功、保时捷、医生。这些成为我新的家人——我把他们的形象刻进了我的细胞和我前额叶皮质的神经突触中。前额叶皮质掌管着我们的执行能力——计划、问题解决、判断、归因、记忆，以及决策，这些都是执行能力。这一区域帮我们控制情绪反应，克服坏习惯，作出明智的选择。正是这部分大脑，使我们能对自己的思维进行认知——露丝教我做的正是这件事。这部分脑区也负责同理心、与他人建立联系。露丝教给了我心想事成的方法，而我也将注意力彻底地集中在创造我希望的未来上。那时我其实完全不知道做什么对考上大学或医学院能有帮助——事实上我对申请程序都一无所知。但明确意图本身就是一种魔法，而自从在魔法店度过的那个夏天之后，整个宇宙似乎都在推着我往我想要的地方去。

不过，宇宙倒是没太在意我在高中时候的死活。现在回想起来，也许当时我应该一步一步来，先定个目标好好完成高中学业，而不是从一开始就只盯着自己最终能成为什么样的人。

高中几年我过得浑浑噩噩，有几科成绩还不错，但剩下的都只是将将及格。我对如何能上大学或考入医学院毫无概念，也不知道该如何或者从哪里去寻求帮助和指导。多年后我才发现，如果我张口求助，其实很多人都愿意帮我的。但在当时，我是非常孤僻的，不知道如何张口，甚至不知道该问什么。对一个孩子来说,身边缺少能寻求指导的人或导师,对其未来的影响其实是很大的。要是连要做什么都不知道,又怎么可能做得到呢。高中的时候,我很喜欢体育,而且在高一那年成功入选了橄榄球队、篮球队和棒球队。但没过多久我就意识到,在学校里参加体育活动不但需要花钱,还需要有父母参与,而这两者我都不可能有稳定的来源。没人会接送我去场地参加训练,我也很可能会因为要在家照顾妈妈,或是周五晚上要去酒吧找爸爸而错过比赛。这样的队员是没人愿意要的。我特别享受作为一名队员那种归属感——我们穿上队服,整齐划一,为共同的目标战斗。我一直都非常渴望拥有一件自己专属编号的球衣,但高中时候没能实现。后来大一的时候,我把自己的愿望清单拿出来,在十个愿望之后又追加了一条:在大学里拥有一件有专属编号的校队球衣!

心里深藏着这样一份愿望清单,我在遇到失望和不公平对待的时候,就不会被打倒。每天晚上,我都会放松身体,摒除杂念,缓解学校和家庭带给我的焦虑。在我的脑海中,我是为未来而活的。比起眼前这个潮湿、充满烟臭、昏暗破旧的公寓,那个未来要让人愉快太多了。除非要练习露丝教我的魔法或者睡觉,我都尽量不在家待着。

为了能尽量减少在家的时间，我申请加入了执法探索童子军。要想成为一名执法探索组的童子军，你必须年满十五周岁，高中学业平均绩点（GPA）在 2.0 以上，而且品行良好。连续十二周，我们每周六都会乘大巴前往洛杉矶警官训练学校，学习执法所需的知识。每次学习长达八小时，内容涵盖社区警务、刑事诉讼、自我防御、枪支安全，还要参加体能训练和演习。所有人都身着统一的卡其色 T 恤和深绿色裤子。虽然这不是个体育队，但我总算有机会穿上制服，成为一个团体的一员，我不再一个人了，况且周六能有地方可去也不错。完成所有训练之后，我就正式成为一名执法探索员，可以和警官一起在本地警察分局执行各种职能。我可以参加巡逻，在社区里开着警车，响应居民报警，也会在有游行、足球赛和国庆烟花表演的时候负责人流控制。我还在监狱里辅助警官处理被逮捕的罪犯。

一个周六晚上，我被分配到兰卡斯特警局的犯人登记室，辅助监狱管理员的工作。他们给了我一把牢房的钥匙。我骄傲地把钥匙挂在裤子的腰带圈上，满心期待警察能破获一起重大犯罪，这样看守所里就会挤满罪犯，而我则会站在铁栏之外，掌管着他们命运的钥匙。这把特殊的钥匙让我感到大权在握。可惜，整晚都没什么人来看看我的光辉形象。

我填完了一堆表格和报告，从自动售卖机里买了好几罐可乐，最后无聊地坐在那儿琢磨，这大概是执法工作里最无聊的活儿了吧。然而就在值班时间要结束的时候，我听到一辆警车停在了登记室外面，一名巡警带进来一个被铐住的男人。我看不清他的脸，但他衣冠不整，酩酊大醉，口齿不清。我的心跳开始加速，机会来了，我很快就能把这个人关到铁栏后面。巡警拽着那个男人从我身边经过，那人耸着肩，步伐踉跄，我看不到他的脸。我掏出钥匙，只等警察完成登记和指纹录入，就可以把这个人关起来了。罪犯在桌旁坐下，这时候，他抬起了头，一眼看到了我。

是我爸爸。他看起来有些迷糊，有些愤怒，显然醉得很厉害。我的胃一阵抽搐，赶紧转过头，往文件柜那边走去，我羞愧难当。为了申请成为执法探索童子军，我写了一大篇关于自己品行如何优秀的作文。现在别人又会怎么看我呢？我在申请里把家庭情况写得极其含糊，而且花了好大力气说服自己，也许警官不会知道我家有多穷，或者我爸爸脾气暴躁又酗酒，还被拘留过好多次。其实想要申请做执法探索童子军，部分原因正是我非常渴望能证明自己和家人有多么不同。

我打开文件柜,目光呆滞地盯着里面一排排的文件。我真想找个地缝钻下去。为什么不论走到哪儿,我都躲不开我的来处?

我感到有一只手搭到了我肩膀上。我抬起头,看到负责督导我的警官正站在我身边。

"很抱歉发生这样的事。"他说。

我突然意识到,他一定早就知道我爸爸是谁了。我的心都要跳出嗓子眼了。我尽量把心压回去,拼命忍住眼泪,我不知道自己该怎么做。难道我真的要亲手把我爸爸关起来吗?

"我和把他带进来的巡警已经商量过了,我们不会起诉他的,只是让他在这儿把酒醒了,之后我们就开车送他回家。"

我点了点头,喃喃地说了句"谢谢"。

我只想立刻从这里消失,但我的督导没有马上离开,手依然按在我肩上。

"吉姆。"他轻声地说。

我抬起头看着他的眼睛,以为自己会看到带有评判的眼神,或者更糟——看到怜悯。但这两者我都没看到。就在那一瞬间,我突然回想起露丝跟我讲过,就算一件事变得糟糕,并不意味着一切就都会完蛋。在此之前,我一直都觉得所有人都会因为我的父亲、我的贫穷,以及那些我不曾拥有的东西而看不起我。但在那一刻,感受到警长放在我肩上的手,看到他眼神里的关爱,我突然意识到因为这些而看不起我的,其实正是我自己。我很穷,我爸爸是个酒鬼,但我并不糟糕,并不是一件事破败就会事事都破败,我自己大可不必破罐破摔。

"长官?"我回应着。

"你想要出去一下,还是想结束你今晚的执勤?"

"我想结束执勤了。"就在话说出口的瞬间,我坚定了自己的想法。我爸爸有他的路,而我,有我自己的路。

警官再次看了看我说:"你知道吗?吉姆,我曾经也有个酒鬼父亲,我完全知道你现在的感受。"我感到肩上被捏了一把,然后警官就转身,走出了门。

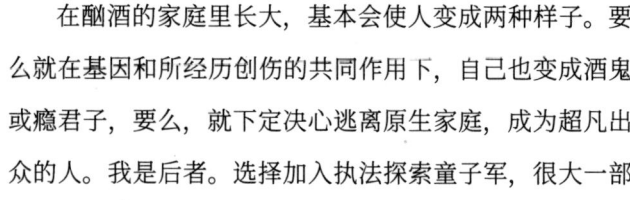

在酗酒的家庭里长大,基本会使人变成两种样子。要么就在基因和所经历创伤的共同作用下,自己也变成酒鬼或瘾君子,要么,就下定决心逃离原生家庭,成为超凡出众的人。我是后者。选择加入执法探索童子军,很大一部分原因,正是我希望加入一个品行高尚的群体。也不知道这是为了要说服自己,还是为了想向世界证明自己。但就像碰上我爸爸被捕一样,我依然很难确保自己这两个完全不同的世界不偶尔撞车。

探索童子军的另一个任务,是在圣诞节期间帮忙包装和分发给穷人的食品篮。我们会在柳条篮子里装上一只大大的火鸡,再配上南瓜罐头,沾馅料用的白面包,还有红薯。圣诞节临近那几天,队员们就会到处去分发这些食品篮。

我不在负责分发的那组里面,但我很喜欢听其他小伙伴讲述当他们敲开别人的家门,送上礼品篮的时候,那些人有多么惊喜。有时候收到篮子的人甚至会流泪,我还听到一位警官描述说:"你简直会觉得他们这辈子从来都没见过火鸡长什么样。"

帮忙分装这些食品篮是件开心的事。那种欣喜的感觉能持续几天甚至几周。练习露丝交给我摒除杂念的技巧时,也能体会到同样的感受,露丝的魔法已经成了我日常生活的一部分。虽然我从没跟任何人提起过,但每天早晚,我都会放松身体,清除杂念,然后观想我所期望的生活和我想成为的样子。我没有打开我的心,那个魔法对我来说太难了。我觉得我的处境都是自己的错,而且已经把这样的观念内化,根本做不到关爱自己。要对自己和他人给出无条件的爱和慈悲，实在是件让我很不舒服的事，尤其对那些冷落过我、欺负过我的人更是如此。

当发现巡警胳膊上挎着大大的柳条篮子，走到我家门口的时候，我选择藏在了窗帘后面让我妈妈去开门，我很惶恐。其实我早就隐约感觉到自己家会在派送名单上，但我从来都不希望成为需要这种帮助的人。我眼睁睁地看着妈妈打开了早先我亲手包好的一个篮子。这个篮子提醒着我，我家有多贫穷。我不想依赖别人，但要没有那个食品篮的话，圣诞节晚餐我们肯定是吃不上火鸡的。全家没人知道我帮着分装了这些礼物。但我还是觉得很开心，不是因为这个篮子是我帮着包装的，而是因为我看到了父母开心的表情，才意识到这样的食品篮对很多人有多么重要。不是谁都有机会同时体会到给予和接受的喜悦的。那个圣诞节，我品尝到了帮助别人和被人帮助的快乐。当时的我根本想不到，这样强烈的碰撞，对我未来的日子将有着怎样深远的影响。

高中几年，我都在参加执法探索童子军，从十四岁到十七岁。它给了我一种目的感和归属感。这两者，再加上坚持每天练习露丝教给我的技巧，使我发生了一种微妙变化。我意识到自己不必抓着恐惧、焦虑和担心不放，这些情绪没什么用处。我越来越能够察觉到自己的想法和感受，并做到不被它们所引起的情绪反应牵着走。虽然并不确定将来自己会成为什么样的人，但我非常清楚自己已经不再是从前的那个小男孩了。我的家庭就是我的家庭而已，不再是无休止的创伤。我也越来越清晰地认识到，我不是我父亲、我母亲、我哥哥或我姐姐。我就是我，他们的行为不是我的。我的哥哥和姐姐各有各的难处，各有各的命运。我同父异母的姐姐大我九岁，高中辍学，早早就结了婚，搬去了别处，过得很艰难。2011年她差点因为慢性免疫系统疾病和肥胖症引发的健康问题死掉。我哥哥头脑非常聪明，但不得不面对身为同性恋所导致的困扰。在那个时代，那个地方，人们还无法接受爱上和自己同性别的人。他因为和别人不同而遭到欺凌，即便在那个年代，人们甚至还没有对这种不同进行命名。我上高中的时候，哥哥搬离了兰卡斯特，这让我高中最后两年更是格外孤单。但兰卡斯特对我来说不再是一个牢笼，它变成了一个我终将离开的地方。我的未来不再荒芜而惨淡，透过思维的双眼，每晚我都能看到它像彩色电影一样生动地上演。我对露丝教给我的魔法有绝对的信心，我坚信我的未来正在向我奔来。

高中最后一年到来了，我意识到我得开始为申请大学做准备，但我不知从何下手。父母对我倍加鼓励，不过他们以为既然我说了要上大学，那我去上就可以了。学校的指导老师根本没考虑我能有申请大学的可能。升学指导老师只跟我匆匆见了一面，提了一下要是我需要，他可以给我点职业技术学校的信息。我之前都没听说过学校还有升学指导老师，就突然被通知说给我安排了个面谈。虽然我有几科分数还不错，但总的来说成绩很一般。我完全不知道考个好分数能有什么用。对我来说，学校不过是个必须出勤的地方。虽然我内心也会自然而然地希望能考出好成绩，但没有任何人教我该如何准备功课，要怎么做才能拿到好成绩。家里没人指导我做作业，其实我做不做完都没人管。我妈妈倒总是鼓励我要好好学习，但我完全不知道这些空洞的鼓励该怎么实现。我认识的人里，从没有人上过大学。我肯定没钱来支付大学学费，也不知道该怎么着手申请。然而，我依然彻头彻尾地、天真而幼稚地坚信，我来年一定会去上大学。

那次和升学指导老师见面之后，我开始琢磨到哪里才能问到该怎么申请大学。有一天我坐在科学课的教室里，等着下堂课开始学习热力学的三大定律。这时我注意到身边一个漂亮的女孩子正在忙着填写一大堆表格。

"你写什么呢?"我问,"这堆表格是干什么的?"我担心自己错过了科学课的什么课堂测验。

她从一堆表格里抬起头来:"我在填大学申请。"

我装模作样地点点头,假装自己知道这是怎么一回事。"那你要申请哪所大学啊?"我侧了侧头,但还是看不到表格上学校的名字。

"加州大学尔湾分校。"她回答说。

"真的?"我其实根本不确定尔湾在哪儿,只是模糊地知道它大概应该在洛杉矶往南的什么地方。

她笑了笑:"我很想考进这所学校。下周五就是申请截止日期了,还有这么一大堆文件要准备,我觉得我肯定写不完了。"她指了指桌上的那一堆纸。

我陷入沉默,脑子飞快地转着。申请截止日期?我从来不都知道申请还有截止日期啊,该从哪里下手呢?一瞬间,我对自己的质疑又出现了。我也许连按时把申请交出去都做不到。

"你想申请哪所大学?"她问。

我思考了一下,琢磨该如何回答才好。"我也想申请加州大学尔湾分校。"我不知道这几个字是怎么从嘴里蹦出来的。但那一瞬间,这就是我最想去的学校。我其实对加州大学尔湾分校一无所知，但比起其他学校，我现在至少对它知道的内容多那么一点点了。我知道要成为医生就必须读大学，但从没人告诉过我大学还有申请截止日期，而且还得填这么一大堆表。

女孩看着我说："那我猜，你的申请都已经填好了？"

我和她四目相对了一下，眼都没眨地撒了个谎："其实……还没有，我还没收到申请表。我以为截止日期下个月才到呢，所以就一直老老实实等着申请表寄过来。"

突然，她像魔术师一般，抽出了一打表格，对我说："你可真走运！我这儿正好多一套申请表，你要吗？"

"要。多谢了。"我从她手中接过那一堆表格，晚上一到家就开始填。这时我才发现还得交成绩单、老师推荐信，以及我父母的报税记录。之后的三天，我东奔西跑地凑齐了这些材料。我还填写了助学金申请，指望有了助学金我就能上得起大学。到了这一步，我才真正认真地看了看自己的学业等级和考试成绩。同时，我还去打听了那些被录取的学生在高中时的平均等级和考试成绩，我根本不可能被录取。我到底在想些什么啊？我意识到露丝教我的那些魔法根本就没有帮助。再说了，我连交申请费的钱都没有。最终，我还是不管三七二十一，把申请邮了出去。回到家，我坐在床上，满脑子都是露丝。所有她教我的这些东西，真的能有用吗？从那天晚上之后的每一天，我都坐在自己床上，想象自己收到录取通知书的画面。我只申请了加州大学尔湾分校一所学校，然而几个月过去了，一点消息都没有。这几个月里我们已经又搬了两回家。当加州大学尔湾分校厚厚的信封终于到我手里的时候，信件已经被贴满了转寄通知单。我捧着信封回到自己屋里，坐在床上，慢慢地吸气，慢慢地呼气。我知道露丝没有骗我了。

我已经成年累月地坚持着每天练习和使用我的魔法。现在我终于申请到大学了。我盯着那个白色大信封，仿佛能看到自己终将一天会穿上白大褂。在成为一名医生的道路上，这是我迈出的第一步。撕开信封那一刻，我毫不怀疑自己将看到的结果。

恭喜你进入加州大学尔湾分校……

我的未来终于来了。是的，这封信在邮政系统中几经波折，从一个破败的公寓辗转到另一个公寓，但我的未来追寻着我，最终到了我的手上。

"谢谢你，露丝。"我对自己喃喃自语，"再见了，兰卡斯特。"

我被大学录取了。我在毕业之前奇迹般大幅提高了学习成绩,拿到了一笔小额奖学金还有一些经济援助,足够支付我的学费、住宿费和生活费了。我要上大学了。

我终于自由了。

我依然继续练习观想我希望过上的生活。在脑海中,我透过玻璃窗看着那些场景,有时窗子非常模糊,但我无比坚信,一旦时候到了,窗子自然会如水晶般透彻。我已经发现:这样的过程并非总是直来直去,而且也不会总按我所期望,或认为合理的时间和步骤来进行,但所有我想象的事物几乎都会实现。若是没有,那必然是有非常正当的原因的。几十年来,我认识到对结果有信心并不意味着就要被结果牵着鼻子走。我经历了痛苦的磨砺才明白,你一定要非常小心地选择你想要实现的愿望。我更学到,人的意图具有多么强大的力量。

我从不相信有什么高于一切的存在,能决定谁有价值、谁一无是处,然后依此来实现人们的心愿或给予馈赠。在这个无常的世界里,我亲眼看到过太多善良美好的人遭逢意外的痛苦或死亡，而很多根本不善良甚至是邪恶的人却过得春风得意。但我确实相信，我们有能力用我们每个人内在的力量，给这个世界带来巨大的改变。我们每一个人都有能力改变我们的大脑，改变我们的认知，改变我们的反应，甚至改变我们的命运。这就是我从露丝的魔法中学到的东西。我们可以用来自思维和心的能量，创造出我们想要的一切。艰苦的努力自然必不可少，坚持不懈的练习和清晰明确的意图也不可或缺。我并不是喝了什么魔法药水就摇身一变成为神经外科医生的。但我在年少时就已经学到，我是有选择权的，我可以选择如何运用我的思维，选择如何对周遭事物进行反应。之后我还学会了如何用我的心来和我身边的人进行连接。当能够同时运用思维和心的时候，你就拥有了一种强大的力量。我觉得没有哪条物理定律能完美地解释这个现象，但我一直记得当年，在得到大学申请表的那堂科学课上，我学到的热力学第一定律——能量永远不会被创造或消灭，但能量可以以不同形式存在，也可以从一处传递到另一处。而这正是我们每个人都有的天赋。

宇宙的能量就在我们体内，就在组成我们每个人的那些星尘之中。这些开天辟地的力量，宇宙膨胀的力量，简单而美好，永不停歇地共振着。能量能从一个地方流转到另一个地方，也能从一个人传递给另一个人。露丝给我上了一堂启蒙课，而生活教会了我后续的课程。我用很多年的时间，证明我在魔法店里学到的技巧确实有效，但归根结底，这其实要归功于一个简单而又神秘的事实。大脑有太多神秘的现象等待我们研究发现，但其中最核心、最伟大的奥秘，就是大脑转化和改变的能力。

我常常希望自己能在十二岁那年做一次脑扫描，然后在十八岁，以及我一生中几次大脑需要适应巨大变化的时候都再做一次，从而进行比较。我带着一个已经被改变了的大脑进入了大学。而研究早已表明，像露丝教授我的这类专注冥想，能够增强注意力和记忆力、提高学习复杂概念的能力。如果没遇见露丝，我有可能考进大学和医学院吗？基本不可能。要不是在完全不自知的情况下训练了自己的大脑，我有可能应对之后的十二年里，大学和医学院严苛的学业要求，最后成功毕业吗？根本没希望。

当大脑改变了，人就会随之改变。这是早已被科学证实的事实。但更伟大的事实是，当心改变了，一切都会随之改变。而这样的改变，并不仅局限于我们如何看待世界，更是世界将如何看待我们，以及如何对我们作出回应。

# 7
## 不可接受 Unacceptable

脑干位于大脑的下方、小脑的前面。如果把大脑想象成一位正在进行巡演的世界级摇滚巨星,那小脑就是编舞者,策划着大脑的每一个动作。而脑干则像一名领队,负责协调各种信息,来保证巡演的顺利进行,同时也要确保摇滚巨星得到所有他/她需要的资源。脑干的体积虽然比大脑小很多,但它掌管着一切身体的功能。只有通过脑干这条高速公路,海量信息才能在大脑和身体各个部位之间进行传输。

大约在受孕三周以后,神经管闭合,中枢神经系统中形成的第一个神经突触使胚胎开始活动,大脑发育自此而始。脑干开始生长,协调生命所需的各项功能,包括心跳、呼吸以及血压,从而确保胚胎未来能在子宫以外存活。出生时，包括边缘系统及大脑皮质在内的大脑高级区域尚未成熟，从而允许出生后的经历和环境来对它们进行塑造。大脑高级区域根据经历和体验来塑造和发展的过程，永无止境。大脑没有退休年龄，每一次经验都会对大脑产生影响。

诺莱因为感到头痛、恶心并出现呕吐而到急诊室就诊。她的先生、四岁的女儿和六岁的儿子都陪着她，两个小家伙还坐在小拖车里。这对夫妇看起来三十出头，诺莱已经有八个月身孕。怀孕引起头痛恶心很正常，但诺莱已经处在孕期最后三个月，还伴随有突发的高血压，这就要考虑患上先兆子痫的可能性了。这种疾病对孕妇和婴儿来说，都极其危险。这家人来医院就诊的那天早上，正赶上我在值班，当时正忙着到处查房。产科医生已经接到通知，但在他赶到医院之前，诺莱突然倒在急诊室里，并且失去了知觉。

我赶到她身边的时候，她已经气管插管，正在接受脑部断层扫描（CT）。这期间她的生命体征开始疯狂变化，血压极其不稳定。在扫描图像中，我看到她的脑干部分已经完全被鲜血吞没。诺莱经历了一场重度脑干出血，这是颅内出血，不可能痊愈的那种。我们马上在 CT 机上就开始进行抢救，但我心里已经不抱什么希望了。我没有看到任何脑干反射迹象。那些脑干正常运作时，能产生的无条件反射都没有了。她的瞳孔已经放大静止，而且完全没有任何反应。

诺莱的身体还活着，但她的大脑已经死亡了。

我用药品来稳定她的血压，同时通知手术室做好准备。

"马上调一名产科医生过来。"我向护士大喊，"这个孩子必须马上被引产出来，不然很快就会死掉。"

我跟着轮床一路向手术室狂奔，祈祷着产科医生马上能够出现。手术小组已经做好进行剖腹产的准备，我们把诺莱推进手术室，儿科医生已经等在那儿了，但产科医生还没有出现。诺莱的血压开始急剧下降，心跳变得不规律。一瞬间，所有人的目光都集中到了我身上。时间所剩无几。我只在实习的时候有过一次在产科轮岗的经历，可那已经是二十年前了。但手术室里没有其他外科医生，如果我不动手，孩子就肯定会死掉。我马上得进行剖腹产，接生一个婴儿。

没有时间再准备或者犹豫了，诺莱的大脑已经死亡，我很清楚她的血压也维持不了多久。

我们把她抬到手术台上。麻醉师迅速地实施了麻醉，我飞快地为她做好手术准备。我再次抬头望向门口，祈祷着产科医生能出现。这时心电图机（EKG）屏幕上突然开始出现光点，诺莱的心脏变得时跳时停。麻醉师看着我说："她的血压开始下降了，我们已经用了最大剂量的药，请你马上行动吧。"我能感觉到自己的额头开始冒汗，意识到自己呼吸非常急促。我在害怕，于是，我闭上眼睛，开始调整呼吸。吸气，呼出，再吸气，再呼出，仿佛回到了魔法店。我拿起手术刀，划开了她的腹部，然后剖开子宫。我把双手伸进她的身体，拽出了婴儿。婴儿的前额上有一道浅浅的划痕，大概是我剖开诺莱腹部时，被手术刀刮到的。但除此之外，他是个健康活泼的男宝宝。我把孩子捧给儿科医生，剪掉脐带，打好结，把诺来的身体缝合。

仅仅几秒之后，诺莱的心脏就停止了跳动。

医学院里没有任何训练来教给你如何通知一位丈夫他的妻子已经去世，或者是如何告诉两个小孩子，他们的妈妈不在了。只要是个人，就不可能对家属的悲痛无动于衷。那将是一轮又一轮的悲痛、愤怒、否认和绝望。这就是为什么很多医生都只简单地说一句"我尽了全力，很抱歉",然后就马上转身走开,让医院的驻院牧师或是其他人来收拾残局。其实说什么都没用,孩子会一眼看透,从这个可怕的日子开始,再也没有妈妈给他做花生酱三明治了,妈妈再也不会给他读故事,或是在他摔倒的时候亲他哄他了。这样的悲痛,无论你说多少次抱歉,都根本不可能安抚他们。

我把诺莱的丈夫拉到一边,告诉他发生了什么。他合上双眼,向我伸出手,然后抱住我失声痛哭。除了抱着他,我什么也做不了。两个孩子看到父亲哭了,也开始痛哭。我尽量给这个家庭一个释放他们悲痛的空间。我试着想告诉诺莱的丈夫新生儿的消息,但除了诺莱走了这个事实以外,他什么都听不见了。

陪着他们坐在那儿的时候,我注意到自己的手术服溅上了很多微小的血滴。是诺莱的血吗?还是新生儿额头上的?又有什么区别呢,为死亡哀痛的时刻,太难庆祝一个新生命的到来了。但我们的生命不正是这样吗?我们出生,然后死去,而在这中间所有发生的事情又是那么随机,毫无逻辑可言。我们唯一可以选择的,是如何在每一个珍贵的时刻,对所发生的事情进行反应。而在那个充满痛苦的时刻,我仅仅能够选择是分担这样的痛苦,给他们安慰,还是转身走开。

我选择留下来陪他们。不记得到底陪了多久,我只知道我尽可能地给了他们我的陪伴。

诺莱的大脑死去了,那些我们平常视之为理所当然的功能也随之消失了。而她的儿子,此刻正在用自己的大脑第一次感知这个世界。世事就是如此冷酷无常,我们的经历和生长环境塑造了我们。我真诚地希望,这个家庭可以从今天的悲痛中恢复过来,这个婴儿不要因为他出生的过程和母亲的意外离世,而烙上隐形的伤疤。

这不是我从医以来第一次遇到病人去世了,也不会是最后一次。这也不是我第一次衣服上带着血迹,从病人家属身旁离去。

第一次遇到这样的场景时,我正要进入大学学习。而家属则是我自己的亲人。

听说我被加州大学尔湾分校录取,我父母的态度是既兴奋,又难以置信。我在家里谈论要去上大学已经不是一天两天了。但显然,他们并没有把我对大学的向往,和我能被录取,而且有一天会离家的事实关联起来。出发的日子越来越近，爸爸又消失了。每次一有压力或大事临头的时候，我爸爸总是无法面对，然后选择用自己的良药——威士忌，来缓解他的焦虑或恐惧。临行前一天晚上，我在我们家狭小的公寓房间里来回踱步，既兴奋又紧张。一个行李袋足够装下我的全部物品，睡前我早早把行李打包好，就等着第二天逃离此处。我甚至穿着明天坐大巴的衣服上了床，这样早上就不用再多收任何行李了，也免得我把什么落下。没有伤感，没有留恋，我准备好了，要远走高飞。我爸爸已经快一周没回家了。他知道我乘大巴去尔湾的日期，但我也不确定离开前还能不能再见到他。

我看似满不在乎，其实心里还是在意的。即便他有再多缺点，我也还是爱他的。当他清醒的时候，当他陪伴我的时候，我爸爸其实还是很幽默、很聪明，也很温柔的。

凌晨三点左右，我听到有人大嚷大叫，门被敲得砰砰响。他是我的爸爸。爸爸在门口，进不了屋了。从他发出的声响来判断，应该是醉得不轻。

妈妈穿着浴袍，踉跄着从房间里走出来，脸上写满恐惧。她没有挪步到门前去，我看到她瞪着门，眼神呆滞无光。她伸出双手捂住耳朵，我看到她在颤抖。我和妈妈商量要不要叫警察。

此时门外的喊声越来越大了,我知道照这样下去,用不了多久邻居就会叫警察来。几小时之后我就得去赶大巴了,我不想把剩下的一点时间耗在应付警察来家里逮捕我爸爸这件事上,更不想错过明天的大巴。我刚朝门口迈了几步的时候,爸爸一脚踢穿了我家那张便宜的复合木门板,几乎把门踢裂成两半。然后我看着他把手伸了进来,拧开了门栓。

他走了进来,喊得比刚才的声音更大了。

"去你妈的,我看谁再敢把老子锁在自己家外头!"他扯着嗓子嚷嚷道,直勾勾地盯着我。他的脸扭曲着,眼神野蛮而黑暗。我妈妈不由自主地把身体往墙角挪了挪,结果引起了他的注意。

"你他妈到底为什么不给我开门?"他向她逼近。我妈妈迅速向后退,直到身体抵到了墙边。我从没见爸爸这么狂怒过。一般他喝醉以后很快就不省人事了,从来没表现得这么暴力过。

"离她远点。"我听到我自己的声音在说,不知道他有没有听见我说话。他继续朝我妈妈走去。我妈妈缩在一件宽大的浴袍里,像一只受惊的鸟儿一样。我从没站出来阻止过他。全家人对他的行为和酗酒问题都是默许的态度。但从此以后,这将是不可接受的了,就从这次开始。

我站到他们两人中间,提高声音以吸引他的注意力。**"你要是再往前走一步,我就必须得揍你了。我会的,我真的会的。"**

他完全无视我的存在,又向我妈妈走近了一步。我举起了胳膊,整个动作的过程感觉就好像是电影的慢镜头,或是在深水中向前行进一样。我握紧拳头,瞄向他的鼻子。然后我就听到,也感觉到,骨头在那一瞬间断裂了。他倒下去,重重地敲在地板上,像一棵树一样。

我妈妈尖叫起来。我看到他面朝下趴在地上,血溅得到处都是。空气里充满酒精的气味,还夹杂着一种刺鼻的,有点像金属铜的味道。我知道那是血液的味道。

很多、很多的血。

我感到胃液冲上喉咙,恶心得无以复加,我赶紧冲向厕所,将将赶在吐出来之前趴到了马桶边。我跪在那里,嘟囔起也许是我一生中最接近祈祷的一句话:救救我。擦了擦嘴,我回到客厅。爸爸还是脸朝下趴在那,一动不动。我不会杀了他吧?我把他翻过身来,看到他满脸都是血和鼻涕,鼻子很诡异地朝左边扭着。我从没见过这么多血。"一团糟啊！"我琢磨着，"还能比这再糟糕吗？"

凌晨六点我准备离家。七点半大巴就要出发了。我妈妈一直在照顾我爸。现在他倒是基本清醒了，鼻子里塞着团棉花，正坐在椅子上喝咖啡。他看了我一眼，低下了头。妈妈提醒我别错过了车。我就在这样一种诡异的气氛中，亲吻了他们两个，和他们拥抱，然后走出那扇被踢成两半的门，出发去上大学了。走到门口，坐上我朋友的车去大巴站的时候，我才注意到自己的裤子上被溅上了血，再回家换衣服肯定是来不及了，何况我剩下的所有衣服都已经打包好收在了行李袋里。也不知道别人家的孩子去上大学的时候是怎么和家人告别的，我猜应该不大会是像我这样吧。

进入大学以后，我被全职工作和课业学习搞得焦头烂额。我还加入了划艇队，下定决心要拿到第一件有自己专属编号的队服。年复一年，我好像比谁都要刻苦，但也仅仅能拿到个及格分数。大学头几年，我不得不在尔湾和兰卡斯特之间往返奔波，有时候乘大巴，有时候就靠一路搭顺风车。虽然我非常努力，却常常要花上数以周计的时间，回家来照顾妈妈，收拾爸爸的烂摊子，或是帮家里人处理一波又一波的危机。到了要申请医学院的时候，我的GPA只有2.5，简直毕业都成问题。作为一名医学院预科生，我的成绩真是惨不忍睹，当时能被医学院录取的平均GPA得接近3.8分。

内心深处我依然认定自己会成为一名医生。自己身穿白大褂的样子不仅仅是脑子里观想出的画面，对我来说那简直和照镜子一样真实。在过去七年里，我已经牢牢地把这个景象刻进了大脑，它如果不能变成现实，对我来说是不可接受的。虽然我的大脑已经确认了这样的事实，但不少同学还是很乐意幸灾乐祸地提醒我，这么低的成绩医学院一定会把我拒之门外的。不幸的是，这世界上有太多人允许别人来替自己决定什么可能、什么不可能。而露丝早就给了我这份珍贵的礼物——有能力相信自己，并接受并不是谁都愿意看到我成功或取得成就的事实。另外，还要有能力对这样的人或事置之不理，对它们不做出任何反应。

大三下学期的时候，申请医学院的程序开始了。加州大学尔湾分校要求学生首先参加医学预科委员会的面试，之后拿到一封推荐信，才能递交医学院申请。于是，我找到医学预科委员会秘书,要求预约一个面试时间。

她翻出我的档案,大致浏览了一遍,然后抬起头,非常不屑地看了我一眼,又继续转过身去翻了翻后面几页文件。即便在几十年后的今天,当时的场景依然历历在目。最后她合上文件夹,开口说:"我不打算给你预约面试。你根本上不了医学院。这样做是在浪费大家的时间。"

我杵在那里,呆若木鸡。拿到这封推荐信是硬性规定,而且只是医学院漫长申请程序中的第一步而已。之后还要填写申请表,撰写论文,然后期待能得到某一个医学院的面试邀请。每个步骤都是一道关卡,而我想要的只不过是一个去挑战这些关卡的可能。

我深深地吸了一口气:"感谢你告诉我这些,但我要预约一个面试时间。"

"我不会帮你预约的,你不够资格。"她用手指轻轻敲了敲那个文件夹。

我不知道那个夹子里具体有什么内容,但我知道我本人一定比那些信息所描述的要强得多。这些文件不是我,它没写我在坚持全日制学习的同时,每周还要工作二十五小时,没有写我常常还要离校回家去处理各种难题,没写我每天五点钟就爬起来去练习划艇。它其实只描述了一件事——我的GPA分数。如果GPA是拿到推荐信的唯一要求,那这位秘书倒是说对了,我永远都进不了医学院。但那份文件不是我。

露丝教了我很多,而持续不断的练习帮我进行了更深入的探索,它教会我永远不向不可接受的事妥协,我必须为自己而战。我已经跨越了这么多障碍走到今天,一个委员会绝不会让我气馁。我必须跟他们谈谈。

"我不接受。"

"抱歉,你说什么?"

"约不到和委员会面试的时间,我今天就不离开这里。"我直视着她的眼睛,镇静而平和地说出这句话。

"我真的……办不到。"她重复说。

但我已经从她的语气里听到了一丝动摇,那一点停顿给了我希望。"你看,"我继续说,"我知道我不够资格,我也知道你通常不会这么做。但你可以帮我约一次,我只不过需要一个机会。"

她又摇了摇头。

"我并不是想浪费你或者委员会的时间,也不想故意闹事。但今天如果约不到面试时间,我是不会走的。我不在乎要等多久。我不认为自己注定就会失败,我不接受。"

我的语气里没有一丝愤怒。她一定也从这些话里听到了不容置疑的事实和决心。

盯着我看了足足一分钟以后,她终于张口说:"好,下周二,下午三点。"

"非常感谢!"

我转身离开办公室的时候,听到她低声嘟囔了一句:"这回可有好戏看了。"

面试当天,生物科学院的院长取代了一个普通委员,坐在委员席上。显然他对我饶有兴趣,估计我大胆要求秘书做预约的事,已经在委员会里传开了。

秘书表情严肃地向我礼节性地问了个好,打开了会议室的门。门里的房间中,一张长方形桌子放置在屋子最远的一端,包括生物科学院院长在内的三位教授坐在桌子后面,面无表情、双臂交叉在胸前,三个人都板着脸。每人面前都放着一份我的档案和成绩单复印件。屋子另一端,有一个为我准备的折叠椅。三比一,看起来不大公平吧,我才二十岁而已。

我走进屋子,环顾四周,意识到这不是一场会谈,而是一场宗教法庭审判。

而我正是那个异教徒。

"道迪先生。"第一位开口说话的委员是化学教授,他的课我上学期差点挂科,"你有几门课尚未通过。从成绩上看,你能不能本科毕业都不好说,更别提申请医学院了。你现在的状况说明你没有能力完成医学院的学习,更没有足够的自律性和头脑来确保你将来能成为一名医生。"

"我觉得今天的面试根本就是在浪费我们所有人的时间。你有什么理由觉得不是这样呢,道迪先生?"另一位委员也加入进来。这是一位严厉得出名的女教授,我以前从没见过她本人,"我挺佩服你竟然能强迫秘书给你做预约的。但要想让我们推荐你从事一个你无法胜任的职业,那你未免自大得可笑了。我想你清楚医学院的竞争有多么激烈,而你的 GPA 明显不具有任何竞争力。"

我看了看院长,但他一个字也没说,只是很好奇地盯着我看。他是来旁听的。

"我想讲两句。"我说。

"我们一会还有别的会要开,你尽管说,不过最好简短一些。"

我屁股下面的折叠椅很小,让我想起在魔法店里,我在露丝对面坐过的那把椅子。露丝教会我不要让情境定义我，不要让他人决定我的价值。没错，我的成绩确实很糟，但这背后的东西太多了。我深吸了一口气，从椅子上站起来。

"谁给你们的权利来剥夺别人的梦想？"我稍作停顿，继续道，"四年级的时候，我见到一位医生。他在我心中种下了未来要成为一名医生的种子，即便这种可能性微乎其微。我家里没人上过大学，连一个有正当职业的人都没有过，更别提当医生了。但八年级的时候，我遇到了一位女士，她教会我只要相信自己，一切皆有可能，只要我不去听脑子里那些质疑，不用我的过去来判断我未来的价值。我来自一个贫困家庭，能依靠的只有自己。我父母也尽力了，但他们有他们自己的难处。"

我看到两位教授依然双臂交叉在胸前。院长则身体稍稍前倾了一下，微微点头，示意我继续。

"这几乎是我一生的梦想。它是我生活的动力，是我前进的支柱，是我生命中唯一稳定的事物。没错，我的确没取得最好的分数，但有太多事情不在我的控制范围之内了。我学习得非常努力刻苦，即便这些档案体现不出来，我向你们保证，没有谁曾经站在这个委员会面前，能比我有更大的决心要去完成医学院的学习了。"

我看着这三个掌握着我命运的人,其中两位看样子根本没有在听。久违的焦虑和恐惧突然袭入我的身体。这种感觉太熟悉了,我生命中的前十二年都在与它相伴。我的心跳开始加速,感觉自己变回了那个迷失的小男孩,猜疑像浓雾中的水汽慢慢沁入。我算老几?凭什么就觉得自己能成为一名医生。对面的那些人才是专家,知道的比我多多了。忽然之间,我觉得自己仿佛在脑海中听到了露丝的声音,她告诉我要打开我的心。我合上双眼,露丝的微笑浮现在脑海中。"你可以做到的,吉姆,"她正在对我说,"你可以做到任何事。"**魔法就在你的体内,释放你的魔法吧。**

我于是继续不断地把心里的话都说了出来,感觉像过了好几个世纪那么久。我讲述了生长在一个贫困家庭里,想要进入大学的艰难。我告诉了他们我父母的情况,以及我常常要离校去照顾他们。我是如何要异常努力地学习,只为了能跟上课不被开除。其实能站在这些委员面前,依然渴望进入医学院学习,对我来说已经是个奇迹了。我尽量让他们看到,这整个过程其实并不平凡。"你们清楚,没有任何证据表明高的 GPA 分数和成为一名好医生有直接的相关性。GPA 高并不代表你就真的在意你所从事的事业。每个人的一生中，总要有那么几次，能有机会去做一些别人都认为不可能做到的事。你们几位今天能坐在这里，必然也是因为曾经有人相信过你们，关心过你们。我别无他求，只希望你们能够相信我一次，给我一个机会，让我成为我梦想成为的人。"

院长站了起来，走过来握了握我的手："吉姆，我觉得你今天让我们看到了一些经常被我们忽略的东西。我们忘记了坐在我们面前的是一个活生生的人，而不是一叠档案。虽然不少学生都达到了我们要求的各项指标，但其实从其他角度来看，这些指标确实是非常武断的。站在这里和我们分享你刚刚说的这些，是需要决心和勇气的。我想你现在也没有打算放弃，对吧？"

"没有，先生。"我回答说，"我是不会放弃的。感谢您几位占用宝贵的时间来面试我。"说完，我就离开了房间。

我出去的时候秘书抬头看了我一眼。

"表现如何？"

我耸了耸肩，只有时间能给我答案了。

她给了我一个温暖的微笑："我听到了一点对话。我有种感觉，所有人都会愿意帮你的。"她递给我一个折页，"回去看看这个。申请日期已经过了,不过我相信截止日期对你来说,也是不可接受的。"

折页介绍的是杜兰大学医学院一个名叫"加强及补充医学教育计划"(MEdREP)的暑期班。这个暑期班是为想要从事医疗专业的少数族裔和贫困生举办的。这是个课后兴趣班,让学生能有机会接触到实验室学习,还能帮学生准备医学院入学考试(MCAT)。

"谢谢您。"杜兰大学医学院。我对杜兰大学一无所知,但那一刻,我突然有种感觉,这就是我通往未来的钥匙了。

医学预科委员会最后给了我一份评价颇高的推荐信,露丝的魔法再次生效了。

我给暑期班的举办方打了电话,被告知申请截止日期已过。我要求和项目主管艾普斯教授通话,告诉她我必须要进入这个暑期班。她让我讲讲自己的理由,听过之后告诉我:"吉姆,把申请发过来吧,截止日期不是问题。"两周之后,我拿到了MEdREP项目的录取通知。但杜兰大学在新奥尔良,而我根本没钱买飞机票。巧的是,就在拿到录取通知书的当天,我爸爸打来了电话。他被关在洛杉矶的监狱里,很快就会被释放,要我过去接他出来。我妈妈不允许他进屋了,而他需要钱来买食物住酒店,要不就只能流落街头了。我手上只有给自己买吃的和付房租的钱。还有两周就要交房租了。我爸说他在等一张支票,很快就能拿到。又来了,但我知道自己还是得帮他。他是我爸爸。

我朋友凯斯知道我家里的一些情况,提出开车送我到洛杉矶接我爸爸出狱。爸爸看上去精神还不错,在监狱里待几周倒是帮他彻底醒了酒。我们带他到贫民区,给他租了一个小房间,付了租金之后我留给他两百美金现金。我和他提起杜兰大学的夏令营,他微笑着说,他为我感到骄傲,还感谢了我。我完全不知道自己该怎么才能去杜兰大学。结果两周以后,我收到一封信。信封上的字迹非常熟悉,是我爸爸的。里面有一张一千美金的支票,为了能让我去新奥尔良,我爸爸拿出了他身上所有的钱。我哭了。我坐长途巴士来到新奥尔良。夏令营是我学业的转折点,我在那里体验到了如何进行实验室研究,有机会见到很多医学院教授。夏令营的课程还帮助我为医学院的入学考试(MCAT)做了准备,教会我如何应对医学院面试。课程非常紧张,但我全神贯注,过得开心极了。我确信,自己是真的要成为一名医生了。

我在秋季递交了杜兰大学的申请,然后就是焦虑的等待。我知道自己在MEdREP项目中表现不错,医学院入学考试考得也还好,但因为GPA分数太低,我知道和绝大多数申请人相比，我的竞争力并不高。我一直在打两份工，长时间缺觉导致我难以集中精神学习。这时我妈妈打来电话，说我爸有一次醉得很厉害，突然决定坐上灰狗长途大巴，说要离家去肯塔基看几个亲戚。他身上什么都没带，而且也没在肯塔基出现，两周以来一点消息也没有。虽然我爸爸会时不时消失一阵，但以前从不会这么长时间杳无音信。通常要不就是他自己回了家，或者给家里打了电话，要不就是我们收到了监狱通知。我很担心。几天之后，我妈妈又打来电话，说我爸爸住进了田纳西州约翰逊城的退伍军人医院。

当时正是夜里，但我马上给那家医院打电话，找到了值班医生。我爸爸在重症监护室，已经上了呼吸机，医生给他注射了大剂量的抗生素。他患有严重的肺炎，医生很难把氧气送到他的肺里，他只能间歇性地作出反应。医生说他即便有反应的时候，一般也只是很短的一瞬间，然后就又昏睡过去了。医生想向我了解一些我爸爸的病史，而我突然意识到，我对他的了解极为有限。我不知道他有什么长期健康问题，不知道他是不是在持续用药，有没有做过手术,对什么过敏……我只知道他喝酒。我对我爸爸的全部了解,只限于他喝酒。

挂了电话以后,我努力在记忆中搜索着,有没有我和他坐在一起聊聊天或者一起干点什么的时光,和他喝酒无关的时光。然而记忆模糊不清,找不到我能抓得住的片段。他乘着一辆大巴,去看几个最终没能见上面的亲戚。他在大巴上做了什么?他是想去寻找什么吗?为什么要选择在这个时间远走?一堆无关紧要的琐碎问题在我的脑子里盘旋。我清楚,是酒精,最终让他现在孤独地躺在那家遥远的医院里。

我坐在床边,哭了起来。我想去看他,但我没有钱。我妈妈也没有钱。我马上还面临几门考试。之后的几天,我都是在担忧中度过的。我给医院打了很多次电话,爸爸已经失去了意识,而且他的器官正在衰竭。医生告诉我,他的身体指标非常差,而且有可能会死去。我的室友提出借钱给我买机票。我赶紧把学业和工作安排好,打算第二天中午出发。我完全不知道去了以后自己能做什么,但我不想让他孤身一人躺在那里。

那晚上床以后我辗转反侧。我从没坐过飞机,对要去的那个地方也一无所知。我很害怕,很疲惫。我睡着了,睡得很沉。夜里我突然惊醒,我不知道是什么把自己惊醒的,于是就躺在那儿，眼睛睁得大大的，环顾四周。我看到我爸爸正坐在床的另一端。他看着我，气色很好。我很久没看到他气色这么好了。他非常平静，脸上的表情不是微笑，却充满了慈爱和接纳。他说："儿子，我是来告别的。很抱歉我没能像自己希望的那样做个好父亲，很抱歉我没能在你需要的时候给你多少帮助。我们每个人都有自己要走的路，我不得不把我的路走完。我就是想告诉你，我非常为你骄傲，我非常爱你。我该走了，别忘了我是爱你的。再见，孩子。"我说了一句："我也爱你，爸爸。"然后，他消失了。

我一下坐起来，分不清到底是在做梦还是现实。我不知道该想些什么好，就愣愣地坐在那儿，想着等我见到爸爸，一定要给他一个拥抱，告诉他一切都会好的，告诉他我爱他。之后我就又睡着了，直到电话铃把我吵醒。我迷迷糊糊地把电话听筒慢慢拿起来，结果是我爸爸的医生打来的，告诉我他一小时前去世了，让我节哀。医生说就在去世之前，他突然睁开双眼，微笑了一下。医生向我保证我爸爸去世的时候并没有经历任何痛苦。我向医生表示了感谢，挂上了电话。之后我打电话通知了妈妈，我们两个人在电话里都哭了。妈妈说他已经尽了最大的努力，他其实是个非常善良的人，而且他非常非常爱我。

我爸爸是爱我的。

我知道他爱我。

而我也是爱他的。

站在加州大学尔湾分校预科委员会面试之后不到一年,在我爸爸去世两周之后,我拿到了杜兰大学医学院的录取通知书。那一天我坐在床边,慢慢地打开那个信封,想念着我父亲。我望着那天晚上他来跟我告别的时候所在的位置,相信他会为我自豪的。

正如医学预科委员会在面试那天指出的,我的学分还没有修满,不够毕业资格。但我还是和所有同学一起,参加了1977年加州大学尔湾分校的毕业典礼。杜兰大学给我的是一个有条件录取通知,我必须要先拿到毕业证才能进入医学院学习。大三那年,有一次我妈妈自杀未遂,我不得不停课回家,因此而少修了三门生物选修课。医学院秋季就要开学了,我绝无可能在这么短的时间内把这三门课都补完。跨过了这么多道坎坷,现在所有的努力却可能功亏一篑。我束手无策,最后决定还是跟学校实话实说。我拨通了杜兰大学的电话,要求和医学院招生办公室主任通话。攥着电话等在那儿的时候,我觉得时间都静止了,终于话筒那边传来了主任的声音,他的口气听起来像是之前就知道有我这号人。我解释了自己的状况,对方一阵沉默,感觉有几个世纪那么久。之后,我听到他说:"吉姆,杜兰大学想要你入学。如果尔湾分校同意你把杜兰大学医学院的学分转过去,来补上你本科缺的学分,那一切就都没问题了。"我一定是感谢了他一百万遍,然后挂了电话。之后发生的一切简直像个奇迹。我向自己缺课的那几位教授一一解释:我是如何在最后一个季度不得不因为家里有急事逃课,我现在拿到了医学院的有条件录取通知,有没有可能让我用医学院的学分来补上这几门课的学分。每一位教授都马上就同意了,还恭喜我考入了医学院。直到很久以后我才意识到,这些教授当时都以为我的 GPA 和医学院入学考试成绩一定都很高,这样用医学院的学分来补偿本科的几门选修课,当然不是什么大问题。

很多时候规则和指标确实很关键,但它们往往是武断的,也仅仅能进行数字上的筛选,限制机会。拿到一堆优以及一个学士学位,正是成为一名医生的武断性指标。我清楚自己有足够的智慧和决心成为一名出色的医生。

现在是证明这件事的时候了。

# 8
## 并非脑部手术 It's Not Brain Surgery

我最开始没打算做一名神经外科医生。本来我是想要成为整形外科医生的。看到有颅面畸形的孩子总会让我非常难过，而且这类外科手术对技术要求非常高，很令我着迷。每当看到颅面畸形孩子的照片，我的内心都会被牵动。我对这些孩子抱有更多的同情。他们无法在世人面前掩饰他们的伤痕，还常常会碰到别人因为他们的缺陷而落荒而逃的情况。加之我对美容整形手术也颇有兴趣。我常常想象自己作为一名大学教授，在帮助孩子治疗他们的面部畸形之余，时不时还在自己位于比利佛山庄的诊所，会见我那些超级有钱的私人美容整形客户。整形外科医生不但收入颇丰，而且很容易出名，更不用说我还有机会和好多大美女打交道。

进入医学院以后，我拿到了一笔奖学金，支撑我完成了第一年的学业。之后我又得到了军队奖学金，资助我读完剩下几年。我感到有责任回馈社会，报效国家。我依稀记得自己儿时梦想着像查克·叶格那样，在兰卡斯特上空进行超音速飞行，也忘不了当我身着执法探索童子军制服时的那份自豪感。上大学时，我才得知叶格其实并不是进行突破音速飞行的第一人选，当时得到这项殊荣的是一位叫"滑头"古德林的人。但问题是古德林索要一万五千美金的报酬才肯试飞。一万五千美金在1947年是个天文数字。而叶格却不是为金钱而飞行。他想打破音障的目的只是为了冒险，为了探索，想看看人类在极限状态下到底能发挥出多大的潜力。即便折断了两根肋骨，忍耐着巨大的疼痛，甚至需要靠一根扫帚柄改装的杠杆装置才能合上机舱门，叶格也没有退缩。

那么我是谁？是不是王尔德笔下那种"知道所有东西价格，却不知道任何东西价值"的人？生命中大多数日子里，我都在努力制衡着自己内心中的"滑头"古德林和查克·叶格。我对那些像我一样历经磨难的人抱有深深同情，希望能向他们提供帮助，但同时我渴望成功。露丝的魔法已经支持我走出了很远，而我依然在坚持每天练习，因为我知道我还远没有到达我想要到的地方。我想成名，想富有。我想被众人仰视，想要成为全世界最出色的外科医生。

军队奖学金资助了我在医学院的全部学习生活费用，而我则需服役做一名军医。我在美国军队中服役九年，最后成为詹姆斯·道迪少校。

和本科那几年相比，医学院里的日子截然不同。我发现自己其实对研究人体错综复杂的构造极有天赋。不论是解剖学、组织学，还是生理学，在学业上我全无障碍。对每一个医学院学生来说，头一年都很难熬，因为要记住的信息量简直超过人类大脑的极限。现在我知道，在魔法店里学到的那些技巧，使我的大脑在发育过程中获得了远超过其他同学的记忆能力。学习中我能更长时间地集中精神，阅读医学教科书的时候，我从不会走神。为了能记住海量的信息，从骨骼、神经，到如何填写病历，教授会教给我们很多记忆方法。有些方法挺可笑的，比如说要记住哪些神经是感觉神经，哪些是运动神经，或者哪些两者兼是，口诀是"别人说要嫁给金钱，但我兄弟说大脑更有用"（Some Say Marry Money But My Brother Says Big Brains Matter More）。

还有一些口诀根本比要记住的信息本身还难记，比如用 OOOTTAFVGVAH 来记忆脑神经。

我会用一些标准化的记忆口诀，也常常编一些自己的口诀，而更多时候，我根本就是在假装运用这些口诀。因为我发现当我需要用到所学的信息时，它们就会自动在脑子里冒出来。加州大学圣塔芭芭拉分校 2013 年的一项研究表明，专注冥想训练能够在短短两周之内，就改善本科学生的记忆力、注意力以及总体认知功能，从而提高他们的 GRE 分数，以及其他侧重记忆力和专注力的考试结果。尤其让我惊讶的是，他们在 2013 年让参加研究的学生所进行的冥想训练，和 1968 年露丝教给我的训练方法极其相似。GRE 考试五花八门的备考培训，得花多少钱啊？而使用冥想训练来提高成绩特别棒的地方就是——完全免费。

军队奖学金只能保证我有做实习医师的机会，但不能安排住院医师培训，虽然照常理这两件事是相关联的。总之我还是得自己申请做住院医师培训的机会。1981 年在杜兰大学完成医学院的学习以后，我选择到夏威夷特里普勒陆军医疗中心，做全岗位实习医生。上学期间我在这家医院做过一段临床见习轮转。全岗位实习医生意味着我会花更多精力在不同专业科室的外科领域，而不是仅局限在普通外科手术上。我轮过岗的科室包括儿科、产科、妇科、内科，当然还有普外科，以及神经外科。本以为这种更加丰富和全面的经验能给我加分，但出乎意料的是，全岗位实习医生的经历，其实对申请普通外科住院医师培训资格是非常不利的。全岗位实习医生没能把全部精力集中在培养外科手术相关的子类技能上，更广的知识面对我的申请来说，其实是个减分项。我当时依然想做一名儿童整形外科医生，而这就要求我必须完成普通外科的住院医师培训，之后我还需要完成整形外科和颅面外科的专科训练。我自己心里倒是计划得挺清楚的，但问题是普外科住院医师培训有十二个人在竞争，而我是其中唯一一个做了全岗位实习医师的。很明显，我的胜算不大。其他十一位同事已经非常幸灾乐祸地告诉我，我是完全没有可能争取到普外科住院医师培训名额的。当年的我目的性非常强，而且对实现自己的目标有着绝对自信，已经到了傲慢自大的程度，和其他人关系也不怎么好。现在回想起来，我已经可以理解为什么他们如此希望看到我落选。

十一月，我和所有人一起，递交了普通外科的住院医师培训申请。然而来年四月的时候，我轮岗到了神经外科。这个科室的同事是我所有轮岗中碰到最善良最可爱的，而且神经外科太迷人了。和胸腔或腹腔手术不同，脑外科手术需要注意力高度集中，其对精准度要求之高，简直令人叹为观止。我的内心感受到了一种召唤，渴望去探索那无人曾入之地，想要揭示那"让人类得以为人"的奥秘。我依然希望能够帮助那些受颅面畸形困扰的孩子，但探索大脑奥秘的诱惑让我无法抗拒。我渴望成为神经外科医生的热切程度，和当年我希望考入大学和进入医学院的急切毫无二致。但要成为一名神经外科医生，我就得申请神经外科的住院医师培训，而不是普通外科。再说，如果做完神经外科住院医师培训，我依然可以继续完成整形外科和颅面外科的专科训练，简直完美到家了。

里普勒陆军医疗中心的神经外科主任非常鼓励我去申请。

"你在技术上有天生的优势，吉姆。你应该成为一名神经外科医生，你必须成为一名神经外科医生。"

"那太好了。"我回答说，一想到自己将来能成为一名神经外科医生，我自豪极了。

"问题是，"他又继续说，"军队每年只培养一名神经外科医生，培训排期已经排到三年后了，你得等待一段时间。第一年的实习阶段结束以后，他们肯定会把你派到一家医院先做几年医务官，等排到你了才能开始住院医师培训。"

"三年?"我不禁反问。

"只不过三年而已。"

"抱歉,我无法接受。"

主任看着我笑了:"但你就是得等这么长时间啊,吉姆。"

"这太扯了,我不干。"我把话说得很绝。

"可就是这样的啊,不是瞎扯,军队的体制就是这样的。"

"我不会接受这样的安排。"我回答道。

主任摇了摇头,把我请出了办公室。

之后正好赶上我休假。我把三十天的假期全都花在了沃尔特里德国家军事医疗中心。我希望将来能在这里工作,所以利用自己的休假时间,来这里的神经外科做了一次轮岗。我表现很出色。在"休假"结束前,我和神经外科主任谈了次话。

"我很喜欢你,吉姆,你在轮岗这段时间里表现得非常出色,我相信你将来会成为一名出色的住院医师。"

"谢谢您。"我说,"这么说我今年秋天就可以来这里开始工作了?"

"吉姆,你知道现在排期已经至少有三年了,我会把你放在整整三年之后。你应该感到幸运,其实我手上已经有四个人在争取这个位置了,而你连正式申请还没交呢。"

我盯着他的眼睛说:"等三年对我来说,是不可接受的。如果您明年没有录取我,这可能会是您一生中犯的最大错误之一,我不会等三年的。抱歉,我并不是想要搞得这么无礼,但我确实不能接受三年的等待期。"

虽然已经过了申请期,我还是向沃尔特里德递交了神经外科住院医师的培训申请。我相信我自己的魔法。

回到里普勒陆军医疗中心之后,我告诉普通外科主任,非常感谢他考虑接受我之前的申请,但我打算撤回申请了,因为我要去沃尔特里德完成神经外科住院医师培训。"不可能!他们不会要你的。"主任的回答非常简单,"我不允许你撤回申请。这是有史以来我手上最有实力的一群申请人,你也是这个团队的一员,我不会放你走的。"

"请便。"我说,"反正我只是来告诉您,我不会去做普通外科住院医师培训的,而且我会去沃尔特里德。"

做完第一年实习医师,我就开始在脑海中观想自己在沃尔特里德完成神经外科住院医师培训的细节。每天的清晨和夜晚,我都会在自己的脑海中看到自己的未来。我不担心结果。多年以来,我早已学会了如何观想自己愿望成真的情景,但不被最终结果所牵绊。所有的愿望终会以不同形式得到实现。我再清楚不过了。我只需要按照自己的步伐行进，该发生的总会发生的。

不过这一回，事情发生得有些古怪。本应该当年被录取的那个人，和沃尔特里德的一位护士谈上了恋爱，结果分手以后总是纠缠女方。显然他还做了一些更过分的行径，导致神经外科主任最后撤回了他的住院医师培训资格。他最后被派驻到韩国做军队医务官去了。而其他几位申请人因为已经接受了别的医院的职位，已经无法再回来完成住院医师培训。结果，我竟然成为了当年唯一的候选人。

不知道是我不断观想的结果，还是只是机缘巧合，或是因为什么别的问题，总之，事情再次按我希望的方向发展了。

我在同一天接到了里普勒普通外科和沃尔特里德神经外科的录取通知。里普勒的外科主任录取了包括我在内的四名实习医生。接到录取通知的那天，他把我们四个一起叫到了他的办公室。

"我希望你们知道，你们每一个人都是我的首选。这一届实习医生是里普勒普历史上最优秀的一届。"

我看了看其他三个人。普通外科主任也兼任外科主任，其他三人都拼命地想要讨好他。他们总是会把头发按规定剪短，把皮鞋擦得亮亮的，而我从不在意这些。头发是不是过长、皮鞋是不是不亮,对我来说无关紧要,我只想全力做好一名实习医师。我更不擅长溜须拍马。"一会儿我会带你们几个去医生俱乐部,好好庆祝一下。"

我打破了这种良师益友之间互相庆祝和祝愿的气氛。"长官,"我说,"我不能接受这个职位。"

主任盯着我:"为什么?"从来没有人在拿到录取通知以后拒绝上岗的。

"我拿到了沃尔特里德神经外科的录取通知。"

主任的脸顿时通红,一句话都说不出来。"我之前就提醒过您。"我说,"我跟您说过了要撤回我的申请。"我站起身,行了个军礼,就走出了房间。

我做实习医生时,在沃尔特里德轮岗的那一个月里,沃尔特里德的主任曾告诉我他非常喜欢我。但后来我给他找了一堆麻烦,我脑子极快,常常出言不逊。我总觉得有必要站出来,不分场合地坚持自己的想法,而这对我的住院医师培训毫无益处。

我变得傲慢自大。拥有能心想事成的能力,以及在神经外科方面出色的专业技术,让我感到了一种前所未有的自我认同。自十二岁以来已经练习了十几年的魔法,使我所向披靡。我经常惹麻烦,从不会灵活一点或察言观色。我常常当着众人的面和主任争执。即便还是个初级住院医师,我对行医的态度却是极为认真的。我不在乎什么尊卑秩序以及医院政策,我只在乎我的病人,但是我的态度掩盖了我的优秀。因为我总是拒绝执行我不喜欢或者觉得没有道理的规定,到最后主任变得对我十分厌烦。我尤其看不惯医生和一些高级住院医师欺负和藐视包括自己在内的其他同事们,这种感觉总能让我想起自己小时候在兰卡斯特的日子。我现在学会了为自己说话,学会了为别人仗义执言。我没有放过任何一个这样的机会。

住院医师培训第一年的圣诞节之前,医院要对我进行一次评估。主任坐在他的办公桌后面,屋里还有好几名主治医师。

"我们打算给你做一次评估。"主任开口说,"我们对你有很大的顾虑,而且对你如何照料病人也持有疑问。"

我马上就站了起来:"等一下。如果您质疑我给病人提供的医疗服务,那请先拿出证据来。我行医非常认真,要是拿不出证据的话,我是不会接受这样无中生有的指控的。"小时候我见到太多次我妈妈被毫不关心的医生欺辱。我妈妈被轰出去过，我们全家都被轰出去过。我清楚自己有多么关爱我的病人。我会倾听他们，凡是和治疗相关的信息我都会反复确认，我会在下班之后陪在他们床边。我知道主任的指控是空穴来风。

屋子里一片沉默。主任开始来回来去倒腾他桌子上那几张纸，气氛尴尬极了。

"好——好吧。"他结巴了一下，"确实和诊治病人无关，其实就是你的态度问题。我们都觉得你其实根本不想在这儿工作，你太爱挑衅了。我们决定给你一个试用期，六个月以后再做一次评估。如果你依然没什么改进的话，我们将终止你的住院医师培训。"

我把屋里的人一个一个挨个看过去，谁也不敢和我对视。

"要是你想开除我，那现在就开除好了，我不接受试用期考察。我不会干的。这辈子我从来没经历过什么试用期，现在也不打算开始尝试。"

屋里又陷入了沉默。他们没办法开除我，我知道他们也清楚这件事。病人和同事给我的评估分数都非常高，只有主任一人给我写过负面评语。再说，要真的把我开除了，对医院来说也是件很难堪的事。

"你先出去一下。等我们有了决定再叫你进来。"

我在办公室外面整整坐了一个半小时。我闭上双眼,专注在我的呼吸上,尽量让自己平静,并全身心相信着露丝教授给我的一切。

最终他们叫我回到屋里,主任清了清嗓子,宣布了他们的决定:"我们决定不做试用期了,但我们会严格监视你的一举一动。"

我费了好大力气才忍住没有笑出声来。他们早就在严格地监视我了,问题在于虽然我对上级态度不好,但我对待病人的态度和在外科手术上的天分是无可争辩的。我恃才自傲,自认为在专业上所向无敌,而露丝教我的魔法也屡试不爽。现在回过头看,我才明白,当时自己虽然学会了露丝所教授的步骤和方法,但完全没有领会到其魔法的核心。

"哦,好啊。"我说,"那就这么办吧。"

我和主任之间的对抗持续了好几年。主任和我都很清楚,我在住院医生培训阶段表现得非常出色。我从来没有经历任何正式的试用期。但培训结束那天,主任和我握手的时候,侧身在我耳边耳语道:"我告诉你,在我脑子里,你一直都在试用期。"

我完全不知谦卑为何物,坚信成功已唾手可得。

住院医师培训的工作强度极高。一旦有休假,我们往往会疯狂地开派对,不计后果地放松自己。我疯狂地工作,疯狂地放松。我感到自己坚不可摧,所向披靡,而多年来在脑海中观想的那个身穿白大褂的形象成真了,我现在是道迪医生了。

二十世纪八十年代中期的住院医师培训比现在的还要折磨人,我们常常一连值24小时的班,简直就是医学界的新兵训练营。在缺觉、连续不断的高压和严苛的考核之下,大家都需要偶尔释放些压力,在住院医师培训的间隙,让疲惫的身心喘口气。有些同事的酒精摄入量开始增加,我在他们和自己身上都看到了一些熟悉的端倪。儿时的经历教会了我如何辨别酗酒的征兆。而我则挣扎着停留在偶尔大醉一场的程度,克制自己不要对酒精上瘾,感觉就像走在刀刃上。时不时,我就能感受到体内的基因正在把我推向酒精,以此来逃离生活的责任和压力。但我不是我爸爸,我永远也不会像我爸爸一样。

慢慢地,我进行冥想和观想练习的时间也越来越少。长时间值班让我不可能再继续早晚练习。我从几天练习一次到后来一周一次,最后就彻底没时间练习了。我早已不再在愿望清单上添加东西。我非常明确我想要什么,而且知道这场魔术表演的终场大戏就要上演了。我很快就会成为一名神经外科医生，一名有资格在人类最重要的器官上动手术的专业人员。身体的一切都要听令于大脑——至少我当时是这样相信的，而大脑则要听令于我。露丝的魔法对我来说已经没什么可再学的了。

有一天晚上，在结束了一轮极为折磨人的值班之后，包括我在内的四位同事决定出去庆祝一下。我们几个是非常亲近的好友，一起工作，一起吃饭，一起在餐厅狂灌咖啡。我们关系的亲密程度，和那些一起有过共同的创伤经历或者自然灾难的人是一样的。我们在住院医师培训的战场上肩并肩地战斗着。因为生命中已经没有时间留给任何其他人了，我们自然而然地变得像家人一样亲密。

我们承受着非人的压力，也只有用非人的疯狂来释放这些压力。在医院里工作难免要经历一些你会希望可以在大脑中抹去的场景。我们发现了一种有效的配方，能在大脑中模糊掉这些伤痕，而这个配方所需的药剂就是大剂量的酒精、可卡因、高分贝的音乐和半裸的女人。当然换个顺序来也可以。

当晚八点左右，我们先在医院附近的一家脱衣舞酒吧开喝。接着我们又去了一家西班牙餐厅，点了海鲜饭和伊比利火腿，就是烤面包配薄火腿片。葡萄酒用玻璃壶盛着送上餐桌，我们一壶接一壶地灌。已经记不清可卡因是什么时候出场的了，反正在把餐厅墙上的古董剑拔出来，玩了一场生死决斗以后，我们几个就被轰出了餐厅。

那是十月一个潮湿的秋夜。走出餐馆后，我一头冲进夜晚的雾气中，享受着湿冷的空气拍打脸颊的感觉。离开医院，感受到自己的活力，实在是太舒服了。肆意妄为，喝高了的感觉实在是太爽了。

我们四人挤进轿车，车里满地都是喝空的啤酒罐。我们大声放着音乐，在夜色中七扭八歪地开车行进在路上。我沉浸在酒精和药物带来的快感中。突然，脑子里响起了一个声音："系上安全带，赶紧的！"我惊了一下，看了看自己周围。坐在副驾的兄弟正一边放声高歌一边往窗外扔空啤酒罐，开车的那位跟着他走调的歌喉点头打着拍子，我身边另外一位坐在后座的朋友早就睡着了。明明没人跟我说话。

我们开的是一辆1964年产的红色福特费尔莱恩。这辆老爷车是其中一位朋友的妈妈的。我们全都不知道车的轮胎已经到了爆胎的边缘。后座确实有座椅安全带，我伸手刚拉上自己这边的安全带，车子突然来了个急转弯，在湿滑的柏油路上开始失控，偏向一侧连滑带颠地冲进反方向行车道，强大的离心力使我身上的安全带瞬间被绷紧。之后我像是在梦中一般，眼看着我们四个人驾驶的这辆车，一头撞到一棵大树上。

然后一片漆黑。

清醒过来的时候我听到周围痛苦的呻吟声，而自己正躺在驾驶员一侧的人行道上，也不知道是我自己被从车里甩出来的还是朋友把我拖出来的。开车的那位兄弟还坐在方向盘后面，身体前倾，一动不动。我感到后背一阵钻心的痛，但腿却毫无知觉。我试了试想动一下腿，但下肢完全不能配合。

我开始呕吐，然后试着爬起来，听到另外两位朋友正在说话。"岩溪公园。""一英里远啊。""我们俩之中必须得有一个人过去。""我的膝盖好痛。""你留下来陪他。"我完全搞不懂他们在说什么，只能合上双眼，把脸贴在又湿又冷的地面上。我的身体火烧一般的疼，但我却不知为什么，就是觉得只要让脸舒服些，一切就会好的。

沃尔特里德离这里不到一英里，坐在后座的另外一位朋友只有一点擦伤，于是他步行回到医院去求助。到了医院以后他要求派一辆救护车来接我们，结果院方以未经授权不能擅自离开基地出诊为由，拒绝了他的要求。

结果我的朋友不管三七二十一，未经授权自己开走了一辆政府用车，回到出事地点把我拖上后座送回了医院。我被拉上车以及被送到急诊室的时候，都疼痛难忍得大叫不止。在沃尔特里德急诊室，被自己同事医治的感觉很不真实。仅仅几小时前，我们还都是医生，现在却是病人了。其他几个人有的有韧带撕裂、擦伤，有一位有重度胸部挫伤还有脑震荡，但总体来讲，他们都没什么大事。

我是四人中唯一系了安全带的，却是四人中受伤最重的。有一处小肠横断，脾脏破裂，腰下部有一处脊椎骨折。几处腹部损伤需要立即手术，于是我被快速地推进了手术室。

这回我成了病人。无影灯照在我脸上的那一刻，我仿佛感受到了所有曾经躺在这里的外科手术病人经历过的心境：不断袭来的疼痛、恐惧和忧虑。我听到很多声音，就好像在人满为患的屋子里，所有人都在同时跟你说话一样。"要是我醒不过来了怎么办？""求求你，上帝，可千万不要是恶性的啊！""我至少应该再跟他说一次我爱他。""要是我再也站不起来了怎么办？""没有我他们可怎么办啊？""求求你了。救救我。""我还不想死。"

再次听到声音的时候，耳边是两个人的争吵声。我睁开双眼，看到自己正在重症监护室。疼痛之剧烈，超出我的想象和描述能力。我的胃部缠着绷带。我顶着刺目的灯光，再次闭上双眼，我听到普通外科主任和神经外科副主任在争论。这场争论是关于我的。

事情听起来非常不妙。即便疼痛难忍，我的医学知识还是回到了脑子里。手术以后，我的血压就一直在下降，现在舒张压已经低到根本记录不到。而收缩压，也就是血压计上比较高的那个数字，那个测量心脏跳动时，动脉中血液压力的数字，目前只有四十。我的正常血压应该是两到三倍于这个数字才对。而同时，我的心跳已经超过160。很明显，我正在经历失血性休克。但我的血压依然在下降，这表明我还在内出血。很快血压就会低到无法支持身体重要器官运作的水平，而这意味着，我的心脏将很快会停止跳动。之后大脑就会死亡，我就会死亡。

我自己琢磨着，自己的人生怎么可能是这样结束，我不该就这么死掉啊。

接下来我仿佛感到身边的一切都在移动旋转。我突然就来到了墙角的天花板上，从上向下俯视着自己，没有任何痛苦。我看到灯泡中发出的光正在折线形向外发散着，我能看清输液袋中每一滴细微的液体。我能看到主任的头顶,以及凝结在他前额的细小汗珠。我俯视着躺在床上的自己,我的身体看起来那么弱小无助,而且非常非常的苍白。我能看到那些检测仪,上面的线条和数字都在急剧地上下变化。我仿佛能听到血液在自己血管里流动的声音,仅凭声音就让人觉得血液量很不足。我还能够听到自己的心跳,就像远处的鼓声,击打出飞快的节奏。所有这些观察都不带有任何情绪色彩。我并不觉得伤感,只是非常清晰地感受到自己身上和周围正在发生的一切。

普外科主任依然在坚持他绝没有漏掉腹腔中任何一个出血点,所以我的失血原因肯定不在那里。

"但你肯定是漏了什么啊。"神经外科副主任已经是在嚷嚷了,"他供氧正常而且没有大规模骨折,必然是腹腔内出血,你肯定是漏掉了一个出血点。"

那种感觉像是在看电视一样,但我能同时感到神经外科副主任的焦虑和恐惧,以及普通外科主任的骄傲和确信。我能感受到每一个在场的人的感觉。

我看到副主任把手放到了我的腿上:"你这个白痴,要是你不肯把他推回手术室的话,我推他回去手术,现在就推!"

最终普外科主任同意了。我从上俯视着,看到他们把我推回手术室的全过程。一位护士俯下身在我耳旁低语道:

"留在我们身边，吉姆。我们需要你，你会没事的。"

之后又是一片漆黑。

这片漆黑之后，我所经历的一切非常难以描述，却让人永远无法忘怀。这是一种令人迷惑，既普通又非凡的经历。几百年来，有无数人曾讲述过类似的经历。

忽然之间，我沿着一条小河漂流而下，最开始移动的速度很慢。前方是一团白色的光，很像是我曾经在魔法店中盯着那团烛火的顶端。我开始加速，很快就飞速往前冲去。我在河的两边看到很多曾经认识的人，他们聚集在河的两岸。我觉得看到了我的父亲，还看到了露丝。我感受到一种前所未有的爱与接纳。我看到的很多人当时都还活着。我看到妈妈穿着浴袍，看到哥哥在兰卡斯特的卧室里和我一起开怀大笑，看到我初中暗恋的姑娘克莉丝，看到自己那辆橘红色的魔鬼鱼自行车，看到自己坐在去尔湾的大巴上，看到自己第一次试穿白色的医生大褂，看到那一晚潮湿的空气如何沾到我的脸。白色的光越来越温暖，越来越近，越来越大。不知为什么，我就是知道这团光正是爱——这个宇宙中，唯一有意义的存在。我只需要到达那里，而且我知道一旦我到达那里，就会和所有一切融为一体。这正是我所追寻的，这正是我所需要的。我想要和那团光融为一体。但突然之间,我意识到一旦融入这团温暖而诱人的光芒,我就会从现在的世界彻底离开,我将会死去。"不!"我大喊,或者说,至少我觉得自己是在大喊。突然我开始后退,离光越来越远,就好像把一根皮筋拉到最长然后突然松了手一般,我飞速地向后退去,完全无力看清楚任何东西,而那些曾经来和我打过招呼的一切也越退越远。

我依然紧闭双眼,却能听到各种检测仪的哔哔声。

我必须睁开双眼了。

"吉姆,你能听到我说话吗?"我感到脚上一阵刺痛,睁开了双眼。恢复室明晃晃的灯光直射到脸上,我只好快速地眨着眼睛。

"吉姆!"那个声音再次响起,"我跟你说过我们需要你在。你要是溜了,谁来逗我们笑呢,我们还能拿谁来开涮呢?"

我伸出一只手,触碰到了她的胳膊:"我还活着?"

"你当然还活着。我们给你输了一堆血,不过已经没事了,你现在情况很稳定。"

"我的朋友们呢?"

"他们也都没事了。你们这几个病人都够差劲的,不过都没事了。除非我们趁你睡着把你给杀了。"她大笑起来。

"我有死过吗?"我问她。

"你活得好好的呢。"

"不是,我是说,我之前有没有已经死去过?你们是不是后来在手术室做过抢救,把我救回来的?"

"没有啊。你当时确实情况相当不稳定,血压也超级低,但你的心脏没有停跳过。他们在你的脾附近又找到了一个出血点。当时你肚子里有四升血呢,血压不低才怪。最后不得不给你输了十六个单位的血,但你并没有死过。至少我没听说。"她看着我,满脸疑惑。

"没什么,就是有点奇怪。我看见了一条河。"之后我就闭嘴了。不论我经历的那些是什么,我都没有向别人解释的必要。我体内的科学家开始审视起这段经历的生理机制。我所经历的会不会是大脑缺氧所造成的一种极端情况?当时我的大脑中是不是正在大量释放神经递质?这一切是失血性休克以及创伤性事件造成的幻觉吗?身处其中的时候,我没有用神经外科医生所具有的医学知识来进行分析。但现在我可以这样做了。我能解开这一大脑的谜题吗?

据估计有一千五百万美国人曾有过濒死体验(near death

experience)，通常又被称为 NDE。2001 年《柳叶刀》发表的一篇研究表明，在经历了因创伤或疾病导致的低血压、大脑供氧不足、大脑整体功能受损，而最终心脏停跳或呼吸停止的病人中，有 12% 到 18% 的人曾经有过濒死体验。这些体验的相似之处包括离开自己的身体、漂浮、看到自己人生回放、感到和已去世的爱人在一起或听到他们的声音、感受到温暖和无条件的爱，以及沿着河顺流而下，或者在一个隧道内被吸引走向一团光芒。这类描述在不同的文化和不同的历史时期均有所记录。

柏拉图的理想国中有一篇《厄尔的故事》(Story of Er)，描述一名士兵在被杀后身体没有腐烂，十二天之后的葬礼上，他在要用来焚烧他的柴堆上醒了过来。这名士兵对自己的濒死（或已死）体验也做了描述，其中很多因素和现代定义的 NDE 有诸多相似之处。16 世纪荷兰艺术家耶罗尼米斯·博斯（Hieronymus Bosch）的著名画作《升入九天》(Ascent into Empyrean) 据说就是描述濒死体验的。画面表现了通往白光的隧道，而各种不同形态的形象则可能代表着超越地球生命的世界。英国皇家海军少将蒲福（Beaufor）也曾描述过他在 1795 年溺水时的类似经历。1889 年，美国内科医生 A.S. 韦斯（A. S. Wiltse）讲述了自己在伤寒发作时的濒死体验。历史上的这些描述,都与典型的 NDE 有大量吻合内容,比如能从体外看到自己、漂浮的感觉、见到所爱的人,以及向一团白光移动。

19 世纪晚期的法国思想家和心理学家维克多·艾格(Victor Egger),用法语"expérience de mort imminente(死亡降临体验)"一词,来描述很多登山者在生死关头时,都描述说"看到"自己的一生在眼前闪过这一现象。到了近代,塞利亚·格林(Celia Green)在 1968 年出版了一本书,书中收集了四百多个出体经历的个案,引发人们思考意识是否能独立于身体而存在。而 1975 年精神病医生雷蒙德·穆迪(Raymond Moody)在他出版的一本书中,第一次使用了"濒死体验"一词,在科学界引起轩然大波,吸引了很多科学家来关注这个原本只在宗教、哲学及形而上范畴内进行讨论的话题。濒死体验使很多人的人生发生了巨大转变。无神论者所描述的濒死体验和有宗教信仰的人所描述的内容也有大量重合之处。最著名的案例之一是英国哲学家爱耶尔爵士(Sir A. J. Ayer),他著有《语言、真理与逻辑》(*Language, Truth, and Logic*)一书,是一位坚定的无神论者。1988 年在进食时,艾耶尔爵士因为食物进入气管几乎窒息而死,之后他宣称:"这次经历并没有动摇我相信死后没有来生的信念,但确实让我在思考这一问题时,多了一些灵活性。"在有据可查的无神论者濒死体验中,有些人报告说这样的经历对他们的信念没有影响,也有人从此变成了有神论者。

包括穆迪在内的很多学者的工作使科学界对这一现象的研究兴趣与日俱增。同时,我们现在已知,类似的体验可以通过人为使用诸如氯胺酮麻醉剂和一些致幻性药物来诱发。大脑颞叶和海马体的电流刺激、大脑供氧或供血不足(比如飞行员可能体验到的),甚至过度换气都能引发类似的体验。有意思的是,除了致幻剂以外,通过诱导方式发生的体验虽然和NDE 有诸多相似之处,但它们通常不能为体验者带来脱胎换骨的转变。会不会是死亡的危险(或者说大脑的某一部分将情景诠释为死亡的危险)才是导致这些人后来人生发生转变的关键?

心理学家苏珊·布莱克默尔(Susan Blackmore)提出,大脑缺氧会大量激发脑细胞,增强神经噪音,从而导致隧道及亮光的体验。而平静美好的感觉则是因为大脑为应对压力事件而释放了大量内啡肽。后来,心理学家玻吉金·吉莫(Jimo Borjigin)以鼠类缺氧反应为模型,发现在心脏停跳后的三十秒内,大脑全脑会出现短暂的高频率伽马波共振。换句话说,因缺氧导致心脏停搏而死亡的大脑,在死后却出现了更强大的意识。伽马波共振不光出现在意识清醒时,更会发生在意识水平加强时。意识水平的加强，通常会出现在冥想状态以及快速眼动（REM）睡眠阶段。而快速眼动睡眠阶段正是人类在睡眠中整合及增强记忆的时候。显然，濒死体验是伴随着诸多有迹可循的神经生理学反应的，而这些神经生理学反应不仅会出现在大脑应对压力的其他各种反应中，也是可以用非 NDE 的各种手段来进行复制的。

就像生命中其他事物一样，我们的观念是个人生活经历所打造的，我们的大脑也同样是由这些生活经历雕刻的。那么我们的心呢？相比由于濒死体验所引发的科学探讨、研究进展，甚至对是否有死后世界的质疑，我更感兴趣的是另一件事——一件贯穿所有这些体验的东西。为什么这么多人在濒死体验中都认定自己是在向着充满温暖和爱的白光前进？也许这样的体验正是我们内心所最为渴望的——能够被无条件地爱、被接纳，拥有来自家及家人的温暖，获得归属感。

我不知道那次车祸以后，在我的血压陡然下降之后，到底发生了什么。到最后我意识到，没有必要去纠结到底发生了什么。我并不需要想办法解释或者解决这个问题。也许我死过，也许没有。

我已经无法知道了。

但我知道，这一生中我其实已经死过很多次。那个迷失而绝望的小男孩，在魔法店里死去了。那个对自己的父亲感到既耻辱又恐惧，最后向他挥拳把自己的手沾满他鲜血的年轻人，在离家去上大学的那天死去了。撞车的那天，虽然我毫不自知，那个眼看就要成为一个任性而自负的神经外科医生的我，也将死去。就在这一次生命周期中，我们其实可以死去无数次，而这正是生命最大的馈赠之一。车祸的那一晚，死去的正是我对露丝魔法将会让我所向无敌的笃定，以及自己在这个世界上是孤独一人的观念。

那个时刻，我感受到了那团光的温暖，以及与宇宙合而为一的体验。那是一种被爱包裹的感觉。虽然这次经历并没有让我走向任何宗教信仰，但足以让我相信，今天的我和明天的我可以是截然不同的人，而所有的事物、所有的人之间其实都是相互关联的。在病床上睁开眼的那一刻，我才意识到自己已经从那辆橘红色魔鬼鱼自行车，以及那个夏天的魔法店走出了多远。然而彼时我还并不知道，自己依然还有很长的路要走。在漂流而下的河岸边见到露丝的身影，感受到爱和如此多的连接，也许正是生命在警告我，自己已经偏离了露丝当时对我的教授。但我却在用了更多年的时光，犯下了更多痛苦的错误后，才意识到这一点。

# 9
## 虚无之王 The Sultan of Nothing

*加利福尼亚州，新港滩市，2000 年*

清晨醒来的时候，我的身价是七千五百万美金。并不是我手上攥着这么多钞票，事实上我根本没见过或者数过这么多现金，但它存放在一个比任何银行更有威力的所在——我的思维。

那时我正单身，经历过一次离婚。履行神经外科医生的职责以及对财富和成功的孜孜追求，让我没时间去做一个好丈夫或者女儿的好父亲。医生的离婚率据说比正常人群高 20 倍，而这个数字在神经外科医生中还要更高。我也只是个分子而已。

我伸手摸了摸床的另一边，碰到躺在旁边的一个温暖的躯体。她的名字是艾莉森，或许是梅根。我已经记不大清了。她的皮肤温暖而光滑，她轻轻地向另一边挪了挪身体，嘴里喃喃地说了些什么。

我无声地从床上起身，往楼下走去。我需要咖啡，更需要看看在我睡着的这段时间里，股票市场有什么变化。打开电脑，我在机器的嗡嗡声中静静地等待着屏幕亮起。此时我四十四岁，正计划着明年退休。我住在新港滩，离兰卡斯特十万八千里。我已经成为橙郡最成功的神经外科医生之一。我的房子占地七千五百平方英尺，俯瞰整个新港滩市。车库里停的远不止一辆儿时梦想的保时捷，还有一辆陆虎揽胜、一辆法拉利、一辆宝马和一辆奔驰。

我已经拥有了愿望清单上的一切——而且远远超过那个清单。

几年前，一个朋友跟我分享了一个他关于放射线疗法和脑部实质固态肿瘤治疗的技术设想。当时他刚完成住院医师培训，正准备去斯坦福任职，并打算在斯坦福大学把这个技术设想实现。他自己已经开了一家公司。我对这个技术设想非常认同，成了他第一批投资人之一。我告诉他我会在新港滩市启用斯坦福之外的第一台设备。当时的我完全没有意识到，这次小小的互动，将会改变我整个人生轨迹。之后我确实在新港滩市启用了第一台机器，名为射波刀（CyberKnife）。我向一位家境优越的医生朋友大肆宣传了这项科技将会如何改变整个世界。他相信了我，不仅出资买下了第一台设备，还买下了一栋楼以及所需的 MRI 和 CT 设备来配合这项技术的运营。他信任的是我对这项技术的热情与信心，一下就投入了几百万美金。当时我们的仪器还没有拿到美国食品药品监督管理局（FDA）许可，连可以用来收费的代码都没有。结果他投资后不到两年后，机器的生产厂爱可瑞（Accuray）因为管理不当及资金链断裂而宣告破产。当时 FDA 的批准花了数年都没拿到，整个公司完全没有任何销售。筹资方面公司也已经山穷水尽，不光在硅谷，在整个美国都难以拿到任何投资。我们滑到了谷底。眼看着那些曾经相信这项技术的潜力，而投入了上百万资金的人将要血本无归，而整个世界就要失去这项无与伦比的技术。我必须得做点什么，我决心拯救这家公司。

我没有任何商业背景。唯一沾点边儿的是在做住院医师培训期间，曾经发明过一种能追踪大脑活动的电极，后来倒是被销售到了全球各地。然而这次不一样。现状要严酷得多。

我告诉我朋友，自己有计划了。也不知道他是真的相信我，还是因为反正也无路可退了，总之他给了我很多鼓励。公司从六十个雇员裁减到六个，我则同意用自己的私人存款来支持所有公司运营。其实我完全不知道该怎么办，但有如神助一般，我居然在四季酒店的酒吧喝酒时，找到了答案。四季酒店那时位于新港滩市的时尚岛。我当时正等着和一位女士共进晚餐。对方还没有出现，我就和坐在自己旁边的一位老兄随便聊了两句。我讲述了射波刀技术如何能有潜力拯救成千上万的生命，而我正需要寻找投资来让这家公司活下去。结果和我聊天的这位仁兄，最终同意帮我重组公司并筹集了一千八百万美金。而投资方要求的出资条件之一，则是我必须出任公司首席执行官（CEO）。我不仅说服了他们这项技术的先进性，还把自己打造成了这项技术成功的核心要素。于是我放弃了自己在新港滩市已经非常成功的私人诊所，成为一名CEO。在这个新的工作领域，我既没有经验，也没有专业知识，有的只是我渴望而且必须拯救这个公司的信念。

十八个月后公司完成重组，FDA的批准也终于到手，公司估值从破产变成一亿美金。这段时期，我见了无数人，包括很多风险投资人和在硅谷创业的企业家。他们总觉得我一定是有什么神秘的魔力能使爱可瑞局面反转，扭亏为盈。但我并没有。然而即便我明确地告诉他们我其实什么也不懂，往往也还是会被邀请做投资人、成为公司合伙人，或者至少做他们的顾问。而这些投资和关系的回报就是股票，很多很多的股票。互联网泡沫的鼎盛时期，互联网公司公开发行的股票比黄金还要值钱，持有这些股票就可以从任何一家银行获得信用贷款。

电脑终于连上网络，我查了查那个数字。自己的资产依然在七千五百万美金左右。小时候我曾梦想能拥有一百万美金。然而第一次赚到一百万美金所带来的欣喜，和拥有七千五百万资产的愉悦是完全无法相提并论的。我很富有。我关掉电脑，瞭望着窗外向地平线伸展出去的蓝色太平洋。

屋里很静。那个叫梅根或者艾莉森的女孩还没有起床，不过反正我也没打算和她分享刚看到的数字。一想到她，我心里就会有些莫名的伤感，我们对彼此毫无所知。我知道她是药品销售代表，而她知道我很富有而且在橙县最好的餐厅预留了一张私人餐桌。昨晚她和一群朋友过来找我攀谈，伏特加和香槟轮番下肚之后，我问她怎么看这种疯狂无度的生活，她只是笑个不停，告诉我她觉得我很棒。我知道她一定有自己的故事，但她并不想和我分享，看起来也对我的故事毫无兴趣。于是，像和许多其他女人度过的其他夜晚一样，我们虚构出其实并不存在的亲密感。我们分享了彼此的身体，但没有让我们的思维和心把事情搞复杂。这使我感到孤独和空虚，但我早已学会忽略头脑中那些质疑和绝望。

我拥有了所有梦想的一切。人们尊重我，顺从我。我刚同意购入新西兰的一座私人小岛，已经电汇了首付款。我在旧金山有一栋顶层公寓，在佛罗伦萨有一座俯瞰阿诺河老桥的别墅。我拥有的财富已经超过了我最狂野的想象，在医学和商业上的成就也无人可敌，但孤独却在将我吞噬。

我计划很快退休，花些时间去第三世界国家提供志愿医疗服务，其余的时间就在旧金山、佛罗伦萨和新西兰之间往返旅行。如果生命中真缺少什么的话，我也不怎么担心。不论那些缺失的东西到底是什么，我都能在旅行中找到。

那个叫艾莉森或者梅根的姑娘走下楼来，我替她叫了辆出租车，然后两个人就站在那里很尴尬地等着车来。我要和我的律师见个面，然后就得直奔纽约忙一周的工作。我答应回来以后给她打电话，而她则在一张纸上写下了她的电话号码。一个礼节性的吻别之后，她上了车，而我转头就把那张纸扔进了厨房一个抽屉里。她在电话号码上面写了自己的名字，不是艾莉森或者梅根，她叫艾蜜莉。但又有什么关系呢，我们两个都心知肚明，我说会给她打电话，其实是个敷衍的谎言而已。

两位律师优雅地把我领进他们的办公室。一位做投资的朋友向我推荐了这家律师事务所，有传闻说他们代理着文莱苏丹在美国的资产。我不知道这样的传闻有多大真实性，因为按说律师事务所是不能透露客户信息的。我的会计师建议我设立不可撤销的慈善信托，指定一部分资产用于慈善用途，从而可以得到减税。这家律师事务所将帮我处理相关手续文件。

"我们已经分析过您的证券投资组合，道迪医生，您确实有相当可观的资产。"一位律师说，"慈善信托有很多种分类。您是否和您的会计师讨论过这件事？一位拥有您这样身价的人士，每个决定都是很有分量的，可不能太随便了。"

我相当受用他的这几句话："拥有像我这样身价的人士。"我深吸了一口气，仿佛听到头脑深处一个声音在质问，我到底是为了要向谁证明我的价值，向我自己？还是向这个世界？

"我和会计师讨论过了。他建议我设立不可撤销信托。"

"那你对这类信托的法律后果是否了解？"第二位律师问道。

"就是……'不可撤销'？"我带着嘲讽的口气说。

然而公司法律师大都没什么幽默感。"要想立即得到税收减免，信托必须是不可撤销的。这就意味着一旦把资产放入信托，就不可能再对该信托做任何更改或者收回任何资产了。就您个人而言，目前这些资产指的就是爱可瑞的股票。"

我早已决定要把持有的爱可瑞股票捐出。这虽然不是我手头上最值钱的股票，但未来可能会价值几百万美金。我计划把这部分股票一部分捐赠给杜兰大学，一部分捐赠给当时我正在执教的斯坦福大学，毕竟射波刀是在斯坦福大学研发成功的。当时我哥哥已经死于艾滋病，而我希望捐赠的这部分股票可以用来支持 HIV/AIDS 相关项目，以及帮几家慈善机构为弱势儿童和家庭提供支持。其中一部分还会用于支持世界各地的医疗诊所。

"明白。"我说。

"如果您对这样的不可撤销性有所顾虑，也可以选择在您去世后才变为不可撤销。很多人更愿意这样做，但税务后果将会有些区别。"

"我愿意做不可撤销信托。"我说，"捐赠这笔资产对我来说很重要，我不打算改变主意。"

"很好。"第一位律师说，"我们会起草文件。"之后的两个小时，我们坐下来过了一遍我的股票资产以及想要捐赠的慈善组织。会议之后我感到自己很重要，而且很慷慨。清早起床时那种孤独和空虚感一扫而空。

文莱苏丹也比不上我。

之后我坐头等舱飞往纽约市，入住皇宫酒店。巧的是那时候皇宫酒店的所有者正是文莱苏丹。酒店经理是我一个好朋友，而这份友谊给我带来的是一个超大套房。在纽约停留一周的高潮，发生在和一位对冲基金经理的会面上。对冲基金的经理希望邀请我和我的一位投资人朋友入伙，帮他管理他在硅谷投资的一家公司。他认定只要有我们两个的加入，他的公司就一定能够成功。我试图劝阻他，告诉他我真不觉得自己能帮上什么忙，但对方却执意认为我一定是太过谦虚了。在我说这些话的时候，我的投资人朋友在桌子底下踢了踢我的腿。

我们和这位对冲基金经理见面，不光是要讨论可能的合作，也还要研究一下如何给我名下的股票做一个保护性保底措施。我手头股票当时的市值有几千万，但有传言说泡沫将很快破灭。利用期权来进行对冲的话，在市场崩盘时，我依然可以按先前定好的数额拿到资金，而如果股市上涨，也可以按照之前定好的价格来购买这些股票，而购买者就可以得到上涨部分所带来的利益。很多人都劝过我用这种方法来对冲我的投资。

我们在当时还位于皇宫酒店内的马戏团餐厅见面。喝着贝利尼和波西米亚边车鸡尾酒,这次会见其实只是走个形式而已。当时双方都已经同意,这位对冲基金经理将出让公司的 50%,而我们则会负责筹集股权投资并给公司提供战略指导。这部分我们只简短地聊了一下,就开始讨论我的对冲需求。我想给我手上最值钱的股票 Neoforma 做对冲。讨论了一番并达成一致后,对冲基金经理拿出文件让我们审阅填写。

此时,在旁边一直闷头喝酒的投资人朋友突然嚷了一句,"我们要公司的 60%。"

显然比利尼鸡尾酒让他突然对我们两人的能力和重要性有了新的认识,而他决心我们必须占公司股份的大多数。

"你这是什么意思?"对冲基金经理说,"二十分钟前我们刚决定是 50% 的啊。"

"要是你想要我们用专业能力来帮你,必须是 60%,不然没的谈。"酒精让我的朋友变得贪婪而毫无逻辑。他想趁火打劫,而我完全搞不懂他为什么要这样做。其实当天早些时候,我已经告诉过这位朋友,能拿到 30% 我就觉得很不错了。

"我们已经约定好,就是 50%。"

"你要是再啰嗦,我就要改成 75% 了,或者干脆把你踢出去。"我朋友开始嚷嚷，引得其他客人纷纷侧目。

"你这个混球。"对冲基金经理直接说。

场面立刻就失控了。两个人都从椅子上跳起来，我赶紧挡在他们中间以免他们爆发。很少有人会在这样的高档法式餐厅里大声喧哗，简直丢人丢到家了。

我们当晚就这样离开了餐厅。第二天我飞回了家，对我的投资人朋友极为恼怒，同时又担心自己连向那位对冲基金经理打电话道歉的机会都没有了。我不断地打电话，但总被告知他正在忙，让我给他秘书留言，很显然他想要回避我。

我在新港滩市自己的家中踱来踱去。对整件事情，我有种非常不祥的预感。果然，六周以后对冲基金经理才给我回电话。

而那时，一切都为时已晚。

股票市场崩盘了，人们陷入疯狂。随着股票市值的下跌，以百万计的财富人间蒸发，当时的事件在很多年以后才得到个名称——互联网泡沫破灭。

我的净资产跳水了。我拿着财务报表一遍又一遍地看，直到最后确认我早已心知肚明的事实——七千五百万美金消失了。

不光是所有资产消失了，我还欠下了几百万当时凭股票拿到的信用贷款，我正式破产了。

仅存的一点资产，仅有的一支还能值回打印报表那几张纸的，就只有我自己一手从破产中拯救回来、白手起家的爱可瑞。

但它的股票已经放进了不可撤销信托。

我彻底身无分文了。

比身无分文还要惨。

身边朋友消失的速度和银行存款上的零蒸发得一样快。再没有什么免费酒水、免费餐食、高档餐厅的VIP位置了。我花了大概两年时间来偿还债务。在卖掉了顶层公寓、汽车、别墅、解除私人岛屿购买契约以后，我还是没能偿清负债。日复一日，我眼睁睁地看着自己努力得来的东西被一件件拿走。金钱，权力，成功，这些我从儿时就在脑海中构想好的梦，随着一个大泡沫一起破灭了。我曾有能力使他们成为现实，现在他们又统统消失了。

"别担心。"我身边仅剩的几个朋友之一安慰我说，"你可以再施展你的道迪魔法啊！"

那真的是魔法吗？我投资的几个创业公司以及他们后来的成功，其实不过是侥幸罢了。我被巨大的财富和权力冲昏了头脑。归根结底,我是一名神经外科医生,而不是科技专家。我懂得一些投资技巧,而且善于让事情推进,善于说服别人。我擅长努力而集中精力地工作,知道如何设立远大的目标并拉拢别人加入进来。这才是我成功的原因。而内心深处,我最擅长的,其实是做一名治疗者,而非企业家。

失去我的财富和原有的生活方式让我痛苦不已。打好包离开新港滩市住所的那天,我感到前所未有的空虚、迷茫和孤独。我失去了婚姻,没有参与女儿的成长,我连一个能打电话倾诉的朋友都没有。在追求外在事物的道路上,我忽略了与他人的内在联系。在我最需要安慰的时候,身边一个人都没有。

打包自己东西的时候,我在储藏柜深处发现了我的藏宝盒,上一次打开它还是在上大学的时候。我拿出那个老笔记本,翻到我的愿望清单,重温了一遍自己在十二岁时候希望实现的愿望。其他几页纸上还有我记录下来的露丝教授的内容,以及那些当时我并不理解的奇怪的话。清单上的每一个愿望都被实现过了,而现在又全部消失了。

我这个魔法师真是烂到家了。

我曾经把露丝六周的教授分成了四部分:放松身体,驯服思绪，打开心灵，明确意图。记录第三部分那页的边边角角上，我写着道德罗盘，在后面画了个问号，还写了你觉得自己想要的，不见得是对你最好的，后面跟了三个问号。

我在储藏柜前面席地而坐，面对家徒四壁的房间，开始深呼吸。我已经很久没有这样做过了。三次深呼吸之后，我放松了身体的每一部分，把注意力集中在呼吸本身，吸入，呼出。我感到自己的思维安静了下来。然后我把意识集中在打开自己的心上，我向儿时的自己和现在已经成为成人的自己传递出爱。我打开我的心，让自己看到我不是唯一经受了巨大损失的人，我向所有挣扎着维持温饱、照顾自己孩子的人打开了我的心。之后我开始在思维中观想那扇窗，而窗子是模糊的，完全看不到窗的另外一边能有什么——不论我多么努力，我看不到自己的未来。自从遇见露丝以来，这是我第一次完全对接下来自己要成为什么毫无概念。我对想要在窗子另一端看到什么，毫无想法。

那一瞬间，我知道自己该做什么了。我得回到魔法店去，回到兰卡斯特。也许尼尔还在那，也许露丝还活着。我把笔记本往胳膊下面一夹，抓起我唯一一辆车的钥匙。我没有卖掉保时捷。这是我梦想拥有的第一辆车，我配得上留下它。

兰卡斯特距这里仅仅几个小时车程，天黑前我就能赶到。

## PART THREE
# The Secrets of the Heart

第三部分

# 心的奥秘

10
舍得 Giving Up

要是我的人生是部电影,那我一回到兰卡斯特应该就能见到正在魔法店里等我到来的露丝。露丝应该年近九十了,但应该会显得更加睿智而且身体硬朗。她应该预感到我会回来,会对我说一些充满智慧的话来为我指点迷津。

然而人生并不是一场电影。我到兰卡斯特以后,将车开到魔法店的原址,却发现魔法店早就不在了,整条商店街都已经不在了。我给查号台打了个电话,想要找所有兰卡斯特的魔法店的联系方式,然而电话名录里没有叫魔法店的地方。只有一个专门为儿童生日派对提供服务的魔术师,住在帕姆代尔附近。于是我拨通了他的电话。

"您好,我在找一个以前在兰卡斯特的魔法店,"我说,"店主叫尼尔,我不知道他姓什么。"

电话那端停顿了一下。

"您是想找一位魔术师吗?"电话那头的人问。

"是的,一位叫尼尔的魔术师,他是仙人掌兔子魔法店的店主。"

"我们这儿没有叫尼尔的,您打错电话了。"

我拼命抑制住自己的抓狂:"您有没有碰巧去过兰卡斯特那家魔法店呢?"

"兰卡斯特根本没有魔法店。"他的语气略显不耐烦,"你得到洛杉矶才能找到魔法店。"

"以前有一家的,六十年代末的时候。我只是想知道您会不会有店主的任何消息。"

"我1973年才出生。"

我叹了口气。这根本是徒劳的。"抱歉打扰您了,谢谢。"

"你知道,这么说起来,我确实记得听说过兰卡斯特是有过一家魔法店,但八几年就关门了。好像那家伙很擅长纸牌魔术,后来还成名了,不过我记不住他叫什么。你也许可以试试去洛杉矶的魔术城堡打听一下。好多魔术师都在那儿聚会。"

我再次感谢了他,然后就挂了电话。

我信步闲逛,发现自己来到了一条曾经骑车往返魔法店的小路上。一切都变了。我儿时记忆中那个沙漠中的小镇，已经越来越像一个真正的大城市了。沿途我路过了小时候常常会遇到那些欺负我们的小流氓的地方，那里现在还是一片空地，很多孩子正在玩耍，笑声不断。临近的教堂依然还在，总算还有些东西没变。我一路走到那个夏天我们住过的那幢公寓楼下面。整栋建筑看起来没什么变化，只是比我记忆中显得更老旧了。我们原来住的是一楼那间，有辆自行车正躺在门廊一边的地上，三十几年前我也是把自行车扔在这里的。绕过转角，我来到哥哥和我的那间房间窗外。破旧的窗帘遮住了一部分窗子，但我还是能看到飘窗上放着些玩偶。我往院子里面走了几步，院子的地上没什么草，基本都是沙土。飘窗上的玩偶是美国队长和复仇者。以前我也在这个飘窗的位置放过我的玩具，只不过那时候我放的是特种部队、行动队长，和《绅士密令》里的主角。我走到小时候常爬的那棵树下。每当想要躲开父母吵架，或者想要一个人静静的时候我都会爬到这棵树上，有时候也会因为感觉太孤单了而坐在树上掉眼泪。我继续往前走，走到了一个空场，在连绵的风滚草和垃圾堆前四处张望。我就这样漫无目的地望着这片空场，突然感觉回到了童年，我还能感受到跨上自行车去找露丝时那种兴奋，于是我沿着那条路继续走下去，直到突然被汽车的喇叭声拉回现实。

我意识到自己其实并不知道想要找什么，甚至没法说清自己来兰卡斯特的原因。露丝以前就不住在这里，即便她还在世的话，也应该是住在俄亥俄州。我连她姓什么都不知道。我走回到自己的车旁，恍惚觉得自己错过了什么重要的东西。我来这里是想做什么呢？我真正想要寻找的到底是什么呢？

我的笔记本还躺在车的副驾驶座上。我打开本子，开始重新阅读我记下的笔记：心的罗盘。这几个词下面画了横线。我觉得今天早上看到这里的时候还没有这条横线，估计是我当时没注意到。而且这几个字的两旁我当年还用红笔画了几颗星星。我翻了翻其他笔记，发现别的地方都没有用过下划线或者画过星星了。为什么单是这几个字？我闭上眼睛，开始努力回想露丝是怎么跟我讲起这几个字的。是我打架那天，是我唯一迟到的那次，那天她教授我如何打开我的心。我想起自己当时正坐在后屋的椅子上，想起当时屋子里的气味，然后一丝一缕，露丝说的话像首诗或歌词一样飘进了我的脑海。

**每个人在生命中都会经历痛苦，**

*我把这称为心的伤口。*

*如果选择无视,它们是无法愈合的。*

*心受伤的时候,正是它能打开的时候,*

*心有伤口的时候,正是我们能够成长的时候。*

*痛苦和磨难,*

*魔法的馈赠。*

我睁开眼,突然记起最后一天在我离开的时候,露丝陪我走出停车场的情景。

"你知道罗盘是什么吗?"她问。

"当然知道。"我说,"就是能给你指方向的那个东西呗。"

"你的心就是一个罗盘,而且是你最宝贵的天赋,吉姆。如果有一天你觉得迷失了,就把心打开,它永远会把你指引到正确的道路上去的。"

我又继续读了一遍在那页顶部空白处的几句话。**你觉得自己想要的,不见得是对你最好的。**露丝早就警告过我。她告诉我在观想我的愿望之前,要打开我的心,在使用魔法的时候要有智慧。我没有照做。会不会是我把一切都搞错了?我以为自己想要钱。但事实是,我确实有过钱,但不论拥有多少钱,我从没有感到这些钱是足够多的。这一切就仿佛是我多年以前开演的一场魔术表演,现在突然谢幕了。我不断一个接一个地变着戏法，这样才能得到持续不断的掌声，让表演继续下去，让百万美金不断堆积起来。而我自己却还和遇到露丝的第一天一样，依然孤独、恐惧和迷茫。如果我百分之百坦诚的话，其实内心中有一部分，在这些财富终于化为乌有之后，反倒感觉被解放了。

世上没有不谢幕的魔术表演。

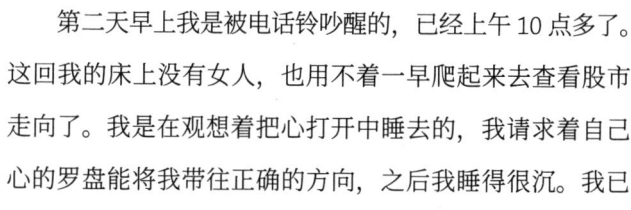

第二天早上我是被电话铃吵醒的，已经上午10点多了。这回我的床上没有女人，也用不着一早爬起来去查看股市走向了。我是在观想着把心打开中睡去的，我请求着自己心的罗盘能将我带往正确的方向，之后我睡得很沉。我已经很多年没有休息得这么好了。

电话是我的一位律师打来的，说有个重大消息要告诉我。

"什么消息？"我问。

"我正在审阅您的那份信托文件，突然发现其实正式文件还没做完，也就是说目前信托程序还没完成。出于某种原因，这份文件一直都被搁置在这，我确实找不到任何具体原因为什么它没被完成。应该是我们的工作疏忽把这份文件漏掉了。文件记录里已经非常明确地列出了您的捐赠意图，以及给每一个慈善组织分配的股票数量。我征求了我们高级合伙人的意见，而他也说，基于以上事实，您目前没有义务把资金放入信托，也不必签署完成这份文件。"

我坐在床沿上。难道魔法再次生效了？像多年前它第一次生效的时候，我家的租金在最后一刻突然出现那样？我攥着电话，坐在床边，思绪万千。

"您还在吗？您听到我说什么了吗？"

"听到了。"我回答说，"感谢您打电话过来。"

"那您想让我如何处理呢？"他问。毫无疑问，他非常惊讶我并没有在电话另一端像中彩票一样狂喜地跳起来。我不清楚信托里那笔股票现在值多少钱，但我知道让我重新成为一位百万富翁是肯定足够的。而我只需要什么都不做就好了。

"我一会儿给您打回去。"我说，然后挂掉了电话。

人类历史上最大的迷思之一，就是财富能带来幸福，金钱能解决一切问题。我失去了我的财富，这确实是个问题。而现在有可能拿回为数不少的一部分，可这依然是个问题。我已经向那些慈善机构作出了承诺。我爸爸曾经是个说话从不算数的人，而我发誓自己绝不食言。

我知道那些人也会理解我的情况的。以我现在的状况，没人会强求我把自己手头仅剩的这点钱捐出去，他们不会对我横加指责的。事实上，两家大慈善机构的头儿都曾经跟我说过，人们做大额捐助时反悔是常有的事，即便在签字之后也可能发生。这已经是个大家公认的事实。人们的生活有可能改变，我的生活已经发生了改变。我已经不是从前那个可以随便出手捐赠几百万美金的人了。

或者我曾经是过吗？

我闭上双眼，想象自己的心被打开。我向自己传递出爱和原谅，原谅自己所犯过的所有错误。我向我的父母传递出爱和感激，感谢他们尽了他们的最大努力。我把爱传递给露丝，不论她在哪里，她都是我遇到的最善良的人。我把爱传递给所有曾在贫困中挣扎、父母有成瘾问题、感到孤独无助、却觉得一切都是自己的错的孩子们。我把爱传向所有曾经质疑过他们自己价值的人，每一个曾经允许金钱来定义他们的人。闭上双眼，打开我的心。我感受到了自己曾经只体验过一次的感觉——被爱和温暖包裹，一种内心深处的平静，一种非常明确的知道，一切都会好起来的信心——只不过这次我并没有躺在手术台上大出血，也没有沿着河顺流而下，奔向白光。

我睁开眼睛，拿起电话回拨给了律师："我会在信托文件上签字，并且按计划把捐赠完成。"

他回答说："您跟我开玩笑吧？"

"不，我没开玩笑，就这么办吧。"

挂上电话那瞬间，我听到律师在电话那头说了句"我去"，然后屋里恢复了沉寂。虽然不再是百万富翁，但我依然是一名神经外科医生。我是不会被饿死的，以一般标准来说，我其实还是能过得蛮不错的，虽然不见得称得上富有了。现在是时候重新开始，做一个真正有价值的人，而这种价值是和金钱无关的。这才是露丝当年想要教给那个小男孩的魔法。然而很多东西没办法通过授课习得，必须要自己去经历过才能够领会。

那时我并不知道，2007年爱可瑞上市的时候，市值达到十三亿美金，而我的慈善信托则价值三千万美金。其实即便当时我知道了，也不会改变自己的决定。那一刻我所体会到的自由，去听从自己内心指引的自由，是无价的。多年以来，那只爬在我背上紧抓着我不放的猴子，那只引诱我去相信财富能带来快乐和掌控感的坏猴子，突然松手放我走了。我学习到只有一种办法能让钱给人带来快乐——那就是把它送出去。我终于自由了。

大脑自有它的奇迹，而我则决心要探索心的奥秘。我始于魔法店的探索一直把我向内引导，然而我的旅程还远远没有终止。我还必须向外探索。人的思维总想把自己和他人分开，它让人们互相比较，划分界限，护住自己的那部分，因为资源总是有限的。而心灵却相反，渴望我们彼此联结，相互分享，它想让我们看到我们之间并无分别，而且本质上是多么相同。心自有它的智慧，如果我们都能学习到心的智慧，就会知道，要想拥有必须要给予。想要自己幸福，就要帮助别人幸福。想要得到爱，就必须要付出爱。想要过得开心，就要让别人开心。想要获得谅解，就要原谅别人。想要获得内心的平静，就需要在我们身边的世界制造平静。

想要治好自己身上的伤口，就要去疗愈他人。

是时候重新成为一名医生了。

被露丝称为"心的罗盘"的，其实正是大脑和心脏之间通过迷走神经所进行的沟通。研究表明，心脏向大脑发出的信号，要远多于大脑向心脏发出的信号。人体内的认知和情绪系统都很智能，而从心脏出发通往大脑的神经链接，要远多于从大脑出发通往心脏的。人的思想和情感都具有强大的力量，但强烈的情感是可以掩盖过思维的。我们在情感强烈的时候无法自主思考，而极端的情绪状态，更会引发大量反刍式冗长不绝的念头。我们把头脑定位成理性的，而心灵定位成感性的，其实归根结底，头脑和心其实是一种合体智能。心脏周围的神经网络是我们思考和归因的重要组成部分。个体幸福和集体福利都要依赖我们大脑和心的协作统一。露丝想要训练的是我体内的两个头脑，思维的头脑和心灵的头脑——然而几十年来，我却忽略了心的智慧。我以为能用大脑摆脱贫困，实现成功并获得价值，但最终，能够带来真正财富的，是我的心。

大脑知道的确实很多，但不容置疑的是，当大脑和心交融以后，知道的会更多。

露丝教授我的技巧，现在的名字叫作正念（Mindfulness）和观想（Visualization），这些技巧能够有效地使人平静下来，集中精神，向内探索。这能够帮助我们提高注意力，更快地作出决策。但如果缺少了智慧与察觉（打开自己的心），这些技巧则将导致自私、自恋和自我孤立。这样的探索不应当只是向内进行的，我们还必须向外建立连接。当我们向内探索的时候，如果心是开放的，我们就能与自己的心相连接，而心会促使我们向外与他人连接。这是一个不断超越的旅程，而非无休止地自我认同。股票交易员练习冥想是有原因的，这些技巧能帮他们变得注意力高度集中，但同时令人难过的是，有时也会让他们变得麻木不仁。这就是露丝在教给我如何观想自己的愿望之前，试图要警告我的。是的，我们可以创造出想要的一切，但只有心的智慧才能告诉我们，什么是值得去创造和追求的。

孤独、焦虑及抑郁正在全世界大规模流行，尤其在西方国家，人与人之间的交往正日渐减少，精神世界变得匮乏。研究显示25%的美国人没有任何足够亲近的人能分享他们的苦恼。这意味着今天你遇见的人当中，每四个中就有一个是无人可倾诉的。而缺乏与别人的连接，正在影响着他们的健康状况。我们天生就需要社会交往——我们在进化中习得与他人合作和建立联系，而当这样的联系被阻隔的时候，我们就会生病。研究表明我们的社会连接越多，寿命就越长，而且也能更迅速地从疾病中康复。事实上，孤独感和寂寞对我们生命健康的威胁甚至大于吸烟。真挚的社会关系会对我们的心理健康带来巨大影响，而且比坚持锻炼、保持理想体重对我们身体健康的好处还大。社会交往在大脑中所激活的反馈中心，和吸食毒品、饮用酒精以及吃巧克力能激发的区域是相同的。换句话说,孤独让我们生病,而连接则让我们健康。

捐赠出我仅剩的那一点财产的时候,我学到了之前和露丝在一起时,自己太年轻而无法领会的东西。露丝魔法的盛大谢幕,是教给我终极的智慧,是明白真正能够让自己的生活变得美好的唯一方法,就是让别人的生活变得更美好。

露丝教给了我很多技巧和练习方法。但她通过花时间来教授我、给我她的时间和精力,让我学会了世界上最伟大、最真实的魔法——慈悲的智慧,它不仅能治愈自己心上的伤口,更可以治愈我们周围的人。

这才是最伟大的馈赠,才是最强大的魔法。

## 11
心的字母表 The Alphabet of the Heart

*密西西比州，2003 年*

距离产生美。重回医学界以后，我很轻易地就能看清自己在新港滩市那些日子里犯下的每个错误、拐错的每个岔路，以及每一个错误的信念，同时也能看到所有这些过失中美好的一面。我在 1968 年第一次开口告诉露丝自己要成为一名医生，而如今金钱散尽朋友疏离，我才意识到做一名医生才是我最强大的魔法。

互联网泡沫破裂以后，我有些无所适从，不确定自己是不是想继续在斯坦福大学做一名神经外科的临床教授。我对经营企业的兴趣那时肯定是降到了冰点。以前我倒是有过几次顾问经历，服务于那些在神经外科方面有困难的医院，或者是那些想把自己的神经科学中心发展得更好的医院。我非常希望能尽最大可能提升这些医院的神经外科手术水平，尤其是服务贫困社区的那些医院。

有一次毫无征兆地，密西西比州南部的一家公立医院邀请我去做顾问。我自己是在新奥尔良市完成的医学院学习，很喜欢那座城市，而这家医院离新奥尔良只有一小时车程，况且对方支付往返费用，我就答应下来。这家医院是当地低收入医疗服务的主要提供机构。而大部分医生都不愿意提供这样的服务，因为保险报销费非常少。而且附近有一家大型医疗机构的连锁私立医院正在大肆招兵买马，这就让这家医院的处境更为艰难了。不光是神经外科的医护人员有缺口，神经科、骨科、中风护理部门都急缺人手。我评估了一下他们的现状，然后跟医院的行政部门讲，他们招医生的方法得改进一下。他们需要告诉那些医生，来这里工作就有可能成为将来一家甲等区域医疗中心的一员。这不光是要勾起他们的虚荣心，更是唤起他们最初选择行医的初心——能改变些什么。

要建这样的区域中心需要一大笔资金。医院的董事会在我演讲结束后，全票通过把医院建成神经科学方向的区域转诊中心，前提是我必须同意出任项目主任。这个项目有可能在一个真正需要的地方，给真正需要的人们带来实实在在的影响。我征求了很多朋友和同事的意见，他们全都对我的想法表示不解，想不通有什么能让我自愿放弃加州这么好的气候和充满活力的学术氛围。但我后来往返跑了几趟，结识了很多非常美好的人，也看到当地有切实的需要，最终还是决定迈出这一步。没用多久，我就招聘到一批出色的同事，一起充满干劲地投入到区域中心的建设中。

让很多美国人诟病的是，不论从哪个角度衡量，美国医疗服务的质量和效果在所有工业化（第一世界）国家中，都是在排在最后四分之一的，这里医疗费用最高，病人满意度却最低。同样让美国人汗颜的是，全世界所有的工业化国家都给自己的公民提供普惠性的医疗保障，不仅治疗效果更好而且费用更低。

童年贫困对一个人的健康及整体未来发展有着深远的影响，这早已是共识。我作为有一手经验的亲历者当然对此也早有了解。搬到密西西比州以后见到的现状，是我再熟悉不过的了。有一次在急诊室值班的时候，接诊到一个癫痫发作以后就变得毫无反应的孩子，需要气管插管才能呼吸。紧急脑扫描显示他的右颞叶有一大片物体压迫了大脑正常结构以及脑干。这家人因为没有医疗保险，孩子一直只能去一家免费诊所找一位护士看病。使用了抗生素以后,孩子依然不见好转,只好一遍遍地回到那家免费诊所去看病,男孩一直说自己耳朵越来越疼,最后演变成剧烈的头痛。他们没有钱去看医生。孩子在前一天开始精神恍惚,家人以为只是发烧造成的。癫痫发作之后,家人才终于把孩子带到了急诊室。家里没有汽车,到医院来都得求助邻居开车把他们送过来。

我走进检查室,看到这个俊美的孩子插着一根接到呼吸机的管子。他惊恐的父母正守在床边。我说明来意就开始迅速检查孩子,右眼的瞳孔已经放大得很厉害,左眼瞳孔有一些放大。他没有反应,而他的检验结果也和即将发生的脑死亡一致。我告诉孩子的父母,我需要马上行动来抢救孩子,并要求他们离开房间。扫描图显示那一大片物质是从头骨挂着耳道的右乳突部分,延伸至颞叶的。结合病史判断,孩子最开始只是患上了非常容易治愈的耳部感染,逐渐演变为右乳突骨感染,侵犯进大脑,导致脑部化脓。这么严重的脑部化脓在这样的年龄,以及这样的时代,都是极为罕见的了。我迅速地给孩子做好手术准备,剪掉颞叶附近的头发,在皮肤上擦上麻药,割开头皮,在化脓区域的头骨上钻了孔,然后扎入一支针管,开始吸脓。

但里面的脓太多了，我连换了三次注射器。

我赶紧把孩子推进手术室，却为时已晚，他的大脑死亡了。我离开手术室，走到休息室中。孩子的父母站在那里。从他们的表情我就知道，他们对失望已经习以为常了。我告诉他们我已经尽了一切努力来挽回孩子的生命，但还是没能成功。孩子的大脑已经死亡——他的身体现在只是靠机器维持了。痛哭和悲恸之后，他们还是感谢了我，而我则心痛不已。所有这些时日，所有他们遇到的人，却没有人足够关心，没有人想去努力一下。

耳部感染和没有医疗保险都不该是一个孩子的死因。

大概两年之后，飓风卡特里娜横扫了密西西比。对很多人来说，这是个离开的好理由。当然还有更多人被困在这场巨大的灾难中别无选择。恢复重建至少得几年到十几年时间。在风暴结束以后，我对自己是否留下犹豫不决。我是为了服务这里的社区而来的，而我非常享受能够为真正有需要的人提供医疗服务。同时，我们正在建设的区域中心也将在未来持续为社区提供帮助。

彼时，我已经再婚了，对方是一位我在捐出爱可瑞股票前不久相识的一位美好的女人。我们有了一个儿子，而我妻子很难忍受我长时间地工作，而且这里每天都能让她想起卡特里娜飓风的恐怖。最终我们决定由她带着儿子回加利福尼亚定居,而我则留在密西西比,每六到八周过去看他们一次。

我的朋友和同事完全不能理解,为什么我不和妻子一起回去定居。其实我也知道离开很容易,但我无法面对那些在社区里和我关系已经非常亲密的人们,无法面对那些相信我的提议,要一起把这所医院变成一个区域转诊中心的朋友们。我后来又在那里做了两年全职,而之后的很多年也常常参与中心工作。那时这所医院已经成为甲等区域中心很多年了,我终于在离开时留下了一些要远高于我自己的东西在身后。在失去所有财富以后,我一心投入帮助他人,而这所服务于贫困人口的中心,感觉就像是我多年追逐财富和权力的一份救赎。

计划要搬回加利福尼亚以后,我意识到自己非常渴望回到斯坦福大学。我一直在琢磨露丝教给我的这些内容,到底为什么能让我如此着迷,最后意识到那是因为所有这些技巧的核心其实是要打开自己的心,主动有意地去行善并以慈心待人。我非常想探索大脑和心到底是如何协作互动的,慈悲、善良和关爱在大脑中有生理痕迹吗?

我回到斯坦福大学,继续在神经外科任教,同时开始频繁和很多心理学及神经科学同事会面，想了解这个领域现有的研究进展。结果同事们告诉我，已经有一些学者正在着手研究这方面的课题，他们发现慈悲心、利他主义和善良能够影响大脑的奖励中心，从而改善周边神经系统的生理机能。原来慈悲心和善良是有益健康的。我把这项研究作为优先工作，同时重新开始练习露丝教授我的技巧。基于我在这些年学习到的教训，我还把练习的内容做了些改进。我家的房子在卡特里娜飓风中被洪水淹没，那个宝贝笔记本也无影无踪。但我在自己的头脑中不断回放着和露丝的对话。在几十年以后，我依然希望发现其中的新义。我把自己沉浸在科学研究里，这些研究已经能用科学方法来解释露丝的教授是如何使我受益的。我希望研究到底什么才是把心打开，而为什么露丝如此强调这个步骤的重要性。就像很多年以前列下愿望清单一样，这次我列下了另外十件事，十件能够让心打开的事。

我坐在那儿，一遍又一遍读着这份清单，突然我发现它们可以被编成一个记忆口诀，CDEFGHIJKL。这样就可以记住每一个我从露丝那里学到的内容了。这是一份心的字母表。我继续练习着多年前在魔法店后面那间办公室里学到的冥想，同时开始每天早上温习一遍这份字母表。在放松身体、摒除杂念之后,我会背诵这个字母表,然后从十个字母里面挑出一个,作为我当天要刻意去练习的特质。我在心里不断地重复它们,而它们能让我在行医和做人时,都更加沉稳。我能在一种非常强大的意愿中,开启每一天的生活。

## 心的字母表

C:慈心的智慧(Compassion)即能够看到他人的痛苦,并希望减轻这些痛苦。对他人的慈悲是以对自己的慈悲为前提的。很多人对自己的要求都极为严苛,做不到像看待他人那样看待自己,不能给自己同样的关爱与善意。只有首先真正善待自己,才能为他人提供爱与关怀。

D:尊严(Dignity)是每个人与生俱来的,应当得到认可和肯定。我们很容易根据一个人的外貌、言语或行为对其进行评判,而这些评判往往是负面的、错误的。我们必须在看待他人的时候明白:"人人都如我一般,包括我在内的所有人,所渴望的东西都是同样的——都想得到幸福快乐。"一旦明白每个人身上都有我们自己的影子,我们就将更愿意与他人建立连接,为别人提供帮助。

E：平常心（Equanimity）是指即便身处困境，也要保持平和的心态。不仅逆境中需要有平常心，顺境中也一样需要。因为在顺境中，人们往往会渴望抓住并延长那份得意的感觉。然而抓着幸福不放和想要逃避痛苦其实是一回事，都会影响我们活在当下。想让那份春风得意的感觉永远延续下去是不现实的，非但绝无可能，而且一定会带来失望。所有顺境和逆境都只是过程。保持一颗平常心能帮助我们头脑清晰，意图明确。

F：谅解（Forgiveness）是我们对他人最好的馈赠，更是我们能给自己的最好的礼物。有一个流传很广的比喻——对那些欺负过你的人充满愤怒和敌意，无异于自饮毒药却希望能以此毒死对方。这是不可能的。这些情绪只能杀死你自己，它会毒害你与他人的互动，会毒害你对世界的看法，最终其实是把你自己关进了牢笼，而你自己手握着钥匙却不肯把牢门打开。事实上，我们每一个人都曾经有过亏待他人的时候。人性是脆弱的，我们都有没能达成理想中那个自己的时候，都有过受伤或伤害别人的时候。

G：感恩（Gratitude）是认识到生命的美好——即便痛苦与煎熬也是它的常客。我们其实不费吹灰之力就能看到这世界上有多少苦难，有多少人生活在绝望之中。而我们，尤其在西方世界，却常常对他人充满嫉妒和艳羡。用一点点时间来感恩我们所拥有的，这能给一个人的心态带来非常巨大的影响……你一定会突然发现你自己是幸福的。

H：谦逊（Humility）对很多人是很难的。我们对自己和自己的成就充满自豪。我们想向别人彰显自己有多么重要、多么出色。而事实上，这正是缺乏安全感的表现。我们向外界寻求对自身价值的认可，但同时又要把自己与外界他人区别开来。这就像是亲手把自己关进禁闭房，让自己活在孤独之中。只有真正明白我们每个人都一样，都既有缺点又有优点，才能平等地看待彼此，才能建立起真挚的联系。建立在共同人性基础上的连接，才能给我们自由，打开我们的心，给予彼此无条件的关爱。要以平等的眼光看待每一个人。

I：正直（Integrity）需要意图明确。它需要你界定好，对你最重要的价值观是什么。它意味着你要在和他人的互动中，始终坚守这样的价值观。我们的价值观很容易被侵蚀，而这种侵蚀在刚刚开始的时候是很难被觉察的。一旦你做了第一次妥协，下一次只会变得更容易。没有人的初心是希望自己不正直的。你要时刻警醒，时时自勉。

J：正义感（Justice）是认识到我们每一个人的内心都

希望看到正义得到伸张。在我们手中掌握足够的资源和权力的时候，很容易获得正义。但我们也要捍卫弱势群体，我们有责任为他们伸张正义，扶贫济困。这将决定整个社会的风气，将决定我们的人性，将赋予生命以价值。

K：善良（Kindness）是关心他人，是慈悲心的活性成分，是渴望看到他人得到关爱，却不求回报。让人叹服的是，研究表明，善行不仅能帮助接受者，更能让施予者受益。你的善行就像水中的涟漪，会使你的朋友和你周边的人都变得更加善良。它可以像传染病那样蔓延，让我们的社会变得愈加美好。而善良终会通过它给你带来的美好感受，以及他人回应给你的善意，回馈到你自己身上。

L：爱（Love）若能不求回报地付出，便会改变世间的一切。爱集一切美德之大成，能够治愈所有创伤。归根结底，治愈我们的既不是科技，也不是药剂，而是爱。爱承载了我们的人性。

这份记忆口诀帮我和自己的心建立连接，并让我的心保持开放，它让我以明确的目的和意图开始每一天的生活。而在感到压力或无助的时候，它能帮我回归到我希望自己立足的位置上。这是我意愿的表达,是我心的语言。

如果露丝还在,她一定会发现我终于学会了如何打开自己的心,而这一切又给我带来了多么巨大的变化。

心脏每天跳动十多万下,向血管泵压出两千加仑血液。如果把这些错综复杂的血管首尾相接,总长度能有六万多英里——足够绕地球两圈还多。古埃及人相信心——埃及文里的"ib"——能够超越死亡,进入来世,而对其在世间的主人的审判,则正是通过对心的审判来完成的。"幸福"一词在埃及文中是"awt-ib",字面意思即为"心的宽度"。而"不幸"在埃及文中则是"ab-ib",即"被割断或被疏远的心"。在很多古代和现代文化中,心都是灵魂的所在之处,也是精神的栖息地。看到孩子失踪的新闻,我们会心痛;当爱情终止,我们会心碎。被拒绝、羞辱或遗忘的时候,心会感到压迫和缩紧,仿佛它想把自己闭合、缩小一样。而在压力面前,不论这种压力是由强烈的爱还是强烈的痛苦所带来的,我们的心都会被打开,而一切都将改变。这并不只是一个比喻,而是真实的现实。事实上,有一种病症就叫"心碎症候群"。

把我的心敲开的，并不是所有财富化为乌有——我在失去这些曾经无限向往的财富时，才找到了自由——而是那些长期以来让我心门紧闭的压力积累到那一刻，终于让我的心打开了。露丝曾说过："你以为自己想要的，不见得是对你最好的。"我一路追逐着错误的目标，而那颗长期以来一直被忽略的心，最终找到了让自己发声的办法。

我也还记得自己对露丝的承诺：有一天，我会把这些方法教授给别人。我不知道要怎么去实现这个承诺，但每晚我都会集中精力观想它。有时我看到的是自己穿着医生的白大褂在拥抱一位痛苦中的病人或家属，有时我看到自己站在讲台上，还有一些夜晚我想象着自己在和伟大的哲学家还有精神领袖们进行对话。虽然我从前是，现在依然是一位无神论者，但我常常会想起我遇到露丝的经历，还有那次车祸后的经历，这些让我的思维开放，避免教条主义，自知这个世界上还有很多我无法解释的事物。从某种角度来看，这也是露丝给我的礼物之一——让我能有一个开放的心态，而不是只追求一个非黑即白的答案。

我感到我们所有人都是彼此相连的。在他人身上，我能够看到自己的影子。我能看到自己的弱点，自己的失误，自己的脆弱。我能看到人性的精神，看到宇宙的力量。内心深处我知道把我们连结在一起的，正是爱。

  我一直都很关心他人，作为医生我对病人关怀备至。练习有意识地打开自己的心可能会让我痛苦，甚至有些时候，正是让人难以忍受的痛苦，让我无法专注于当下。但当我按照露丝教授的方法打开自己的心之后，我应对痛苦的方式改变了。我不需要逃避它，而是可以与它共存。接受痛苦并与它共存，帮助我与自己连接，同时也帮助我与他人建立起真挚的联系。我和病人的关系得到了改善。我花更多的时间去倾听他们，我试着向他们每一个人打开我的心。我会倾听他们的症状，倾听他们的心——不是用听诊器，而是用我自己的心。

  听诊器是在 1816 年发明的。当时一位法国医生觉得把耳朵贴在一位女病人的胸前，去倾听她的心跳和呼吸（当时这样的操作是非常普遍的），实在让他感到太难为情了。于是他用二十四张纸卷了个纸筒，在自己和病人之间制造出了点距离。我感到自此之后，医生和病人之间的距离有增无减。我意识到仅仅是倾听我的病人，多给他们一些时间和关注，就能让病人们感觉好一些。我会倾听他们每个人的故事，了解他们所处的困境，他们的痛苦，以及肯定他们的成就。很多时候，这样的举动对于缓解他们疼痛的效果胜过我开的处方药，甚至有些时候比我的手术还有效。时至今日，我仍然会告诫我的学生和那些正在做住院培训的医生，虽然神经外科手术需要海量的知识和前沿的技术设备，我自身的成功则还是受益于能够对自己的病人敞开心怀，倾注关爱，与他们同在。

另外一个随之而来的巨大转变，是我开始意识到自己所到之处，见到的每一个人，都如我一般。便利店的收银员，深夜打扫医院的清洁工，在岔路口举着纸牌讨钱的妇女，把法拉利开得飞快的男子。每个人都有自己的故事，就像我自己一样。每个人都有他们要走的路，每个人都有身处困境痛苦不堪的时候。从生活极度困乏的人，到生活不能更富足的人，每个人都如我一般。

我终于能放手自己的过去，不再让它定义我的生命。出身贫困曾经是我对自己的定义，而只要我继续带着这样的身份，不论积累多少财富，我其实都依然生活在贫困之中。在我每天的练习中，我向我的父母打开我的心，于是我学会了谅解。我向曾经那个还是孩子的自己打开我的心，于是我找到了慈悲。我向所有我曾犯过的错误，以及各种我曾经错误地相信能借以向世界证明我有价值的手段打开了我的心，于是我找到了谦逊。在这个过程中，我意识到自己并不是世界上唯一挨过饿的人，更不是世界上唯一感到惊恐的人，肯定也不是唯一尝过寂寞、孤立和被排挤滋味的人。打开自己的心，让我的心能够与每一个我遇见的心灵相连接。

这样的感觉是无限，是美好，是赞叹。

都在同一瞬间。

## 12
## 慈悲的智慧 Manifesting Compassion

我一直很喜欢歌剧,虽然自己也说不出为什么喜欢。即便一句歌词都听不懂,我也会常常被感动到流泪。也许那些最原始的情感,那些用夸张手法所表达的激情,已经远远超越了语言。歌剧是很难用理性思维来赏析的,它只能用心去感受。大多数外科医生会在手术室里播放音乐,来帮助病人镇静下来,舒缓情绪,也能让手术团队精力更集中。研究表明,在术前给病人播放音乐,能够安抚他们的焦虑情绪,降低止痛药和镇静剂的用量。音乐和冥想一样,能够使心率下降,缓解压力,降低血压。病人和医生都同样能从中受益。

就我而言,如果在手术时播放音乐,我通常会选择在手术关键阶段播放安静的古典音乐,而且音量会很低。临近手术结束的时候我会把音量调高,换成经典摇滚。但我从来没放过歌剧。手术过程中,我得像一台机器。术前病人肯定是需要我富有同情心,能和他们建立情感连接的。但在手术过程中他们需要的,是我的技术、专业水平以及精准的判断。没有病人希望躺在手术台上,看着我站在他们身边痛哭流涕。他们希望我能给他们足够关爱,但这种情绪绝不能成为我挽救他们生命的阻碍。

琼是在我离开军队体制,刚开始新的行医生涯时服务的第一批病人之一,她是一名歌剧演员。第一次来到诊室的时候,她浑身都散发着动人的活力和温暖的气息。她喜欢穿高跟鞋,而且一开始就告诉我,不论我是个多么牛的医生,她都绝不会放弃自己生命中最热爱的两件事——歌唱与意大利面,即便我说放弃它们能挽救她的生命。

琼是一个巡演歌剧团的女高音,歌剧不光是她的职业,更是她生命中的真爱。每次来就诊我们都会花些时间聊聊她的最爱——《阿依达》,小约翰·施特劳斯的轻歌剧,还有"卡门"。我们每次都会比她所预约的就诊时间结束得晚些,因为我非常喜欢听她讲她在巡演中的各种经历。她特别享受能给观众带来感动。

"听起来有点怪,但当我的歌声能让观众落泪的时候,我觉得满足极了——在那些瞬间,我知道自己感动了他们,我和他们产生了连接。"

琼有严重的偏头疼,之前的神经科医生用药物控制了她的头疼,但无法解决她大脑中的一个动脉瘤。这个动脉瘤的位置在左岛叶旁边,在她优势脑半球,控制面部表情的区域附近。医生是在治疗她的头疼过程中发现这个动脉瘤的。虽然它并不是头疼的主因,却有可能威胁到她所热爱的工作,甚至生命。

"不管我的身体有什么问题,"她说,"任何可能会损害我的嗓音或歌唱能力的事,我都不会同意做的,这是我生命中最重要的东西。"

而我不得不据实相告。

那个动脉瘤的直径已经超过一厘米,必须要尽快取掉。我花了好几次就诊面谈的时间来向她说明这件事。我其实非常急切,但同时知道必须小心翼翼反复多次地慢慢让琼认识到这个事实。虽然这类手术我已经做过很多了,但依然鼓励琼去多见几个其他神经外科医生,包括一些比我经验更丰富的同事。不幸的是,即便面对最严重的病情,很多神经外科医生也会以非常简单粗暴的方式,直白地讲出治疗方法及其所伴随的危险性,往往意识不到虽然这对我们来说都只是日常工作，但对病人和家属而言，却事关重大。其他两位她去征求意见的神经外科医生都是这种风格的，再回到我这里的时候，她已经被吓坏了——她觉得自己被看成一个诊断名词，而不是一个活人。

琼需要时间来消化这些信息，甚至比其他病人所需要的时间还多。而我尽可能在她的病情允许范围内，多给她一些时间。即使在行医之初，我也明白多花点时间和病人相处是治疗的艺术。说到底，我们是在和有血有肉的活人打交道，他们有自己真实的焦虑和恐惧。病人并不是机器上一个坏掉的零件，而医生也不是机械师。

在与琼不断对话的过程中，我慢慢看到她的焦虑正在退去。她需要听故事，需要知道我听到了她的故事，而且把她当作一个活生生的人来看待。我们建立了友谊。最终她说，她只信任我一个人来为她进行手术。虽然病人对我的能力有信心是件好事，但当这个病人是自己的朋友时，却是另外一回事了。手术前一天，琼送了我一张她唱的自己最爱的几首咏叹调的录音。当晚我坐在书房里，闭上双眼，听着她的歌声。

手术那天早上，我决定播放自己小时候常听的几首经典摇滚。在轮床上被推进手术室的时候，她看着我，面带温暖的笑容。伴随着播放器里《你只需要爱》(All You Need Is Love)的旋律,琼昏睡了过去。麻醉之后,我们把琼从轮床上转移至手术台,我用带着尖锐钢针的头钳把她的头部固定好。我感受到那些钢针穿透了她的头皮,固定住头骨。我把她的头向右偏了偏,微微拉直了一下她的颈部。我知道外表对她来说很重要,于是尽可能地少剪一些头发。我又仔细看了一下造影图像,看清楚向左脑供血的动脉上,那个大泡泡的轮廓。血管瘤生长在大脑动脉的分支上。切开头皮,把头皮向两边拨开,就露出了头盖骨。头盖骨在日常生活中是起保护作用的,不过当下,它挡了我的路。我用开颅器切开头盖骨,把取下的骨片小心地放置在消毒巾上。我看到了覆盖大脑的纤维组织——硬脑膜。硬脑膜之下,就是那个正在与她的心脏同频搏动的动脉瘤了。

一旦这个动脉瘤破裂,琼就可能会中风,会失去她的歌喉,甚至死亡。

我缓慢打开硬脑膜,在这个过程中,我已经能看到从侧脑沟的额叶和颞叶之间,拱出的那个动脉瘤的顶部。实质性工作开始了——显微镜就位,我用显微刀剖开大脑表面那层纤细的薄膜,这样就能打开侧脑沟,让我能在动脉瘤生长端的底部,夹上一个夹子。我得把动脉瘤从她的常规血液循环中阻断。动脉瘤完全暴露出来后，我发现它的外壁薄如纸片。在显微镜的强光下，我能清楚地看到血液在膨胀、搏动的外壁下流转。这个动脉瘤分分钟都可能会破裂。而且它的外壁和瘤体颈部有很大一片粘连在周围的脑结构中，如果动脉瘤不破裂，其实很难把它们剥离。我继续极其、极其缓慢地进行剥离，在粘连的瘢痕组织和瘤体颈部之间，打开了一个可以用来放置血管夹的小空间。一毫米富余都没有。一旦失误，血管瘤就会破裂，我就会使她失去她最珍贵的能力——歌唱。我回头看了一眼不同型号的血管夹，把其中一个置入放置器，然后转身继续面对这个正在搏动着、随时可能夺走她生命的动脉瘤。琼的面容和歌声突然浮现在我的脑海中，我能听到她唱出的美妙音律。随即我又想到她一旦瘫痪，再也无法说话或歌唱的场面。我握着血管夹的手开始发抖，不是微微的颤动，而是剧烈的抖到我完全不能再继续手术。

她是一位朋友。她告诉过我全世界对她来说最重要的，就是她的歌喉。我承诺过她绝对不出差错，我承诺过一切都不会有问题。

在手术进行之中，念及病人人性的一面，对外科手术医生来说是致命的。这是一次技术性操作，你必须把病人物化。如果你脑海中满是这位人类同胞所要面对的各种不测，那手术就根本没办法进行了。大脑太性命攸关了，我感到恐惧。这样的事在我身上从未发生过。

我手抖得太厉害，最后不得不停下。我坐下来，闭上眼睛，把精力集中到自己的呼吸上——吸气，再缓慢地呼出——直到我能在头脑中清出足够的空间，让恐惧无处附着。有时候我需要打开自己的心，而有时候我则需要发挥自己作为一名外科医生的技术和能力，施展自己作为一名专业人员的高超本领。这样的手术我做过很多次了，我实施这类手术的技术是非常过硬的。恐惧消失了，我重拾镇定和决心。脑海中我能够看到血管夹已经夹上，动脉瘤被摘除。我回到琼的身边，把显微镜调回到动脉瘤那里。我缓慢地将血管夹放置到刚才我制造出的那个微小的空间中，慢慢地合上夹头，然后我将针头插入动脉瘤拱起的部分，将残留在那里的血液吸出。它再也不会膨胀了，这个恶魔终于死透了，再也造不成任何威胁，琼又能歌唱了。我慢慢合上硬脑膜，把骨片放回去，缝合了头皮。最后再给她的头部包上纱布的时候，我意识到播放器里又回到了早上的第一首歌——"你需要的只有爱，你需要的只有爱。"

拔掉各种管子，琼被送到恢复室。我疲惫地坐下来，合上双眼，歇了几分钟才开始写处方。我的脑海中想到琼，想到我的手是如何颤抖。我突然听到了琼的声音。

"道迪医生在哪里？我要跟他说话，我现在就要和他说话。"

我走到她身边握住她的手："早啊！琼，感觉怎么样？"

她死盯着我的眼睛，最终看到了她需要看到的东西："挺好的，我感觉挺好的。谢谢你。"她向我伸出双臂抱住我，哭出了声。她知道自己没事了。

几小时后，从医院回家的路上，我把琼给我的CD放进车载播放器中。音乐响起，我一脚油门转上了回家的高速路。

琼的歌声在车里回荡，唱得正好是《卡门》里的一首咏叹调：《哈巴涅拉舞曲——爱情是一只自由鸟》。我调大音量，摇下车窗，让风打到我的脸上。琼确实是有天赋的，她能用歌唱让人感动，能用嗓音打动人心，即便通过录音去听，她依然能建立这种联系。

我们都有天赋和能力与他人相连。不论是通过音乐、艺术、诗句，甚至仅仅靠倾听彼此。让心与心相通的方法成千上万，而琼用她特有的方式来和我进行了连接。

她的嗓音如此美妙，我的心都会为之而痛。我允许自己的思绪随便瞎想，万一手术并不顺利，琼将要面对什么样的未来，而这样的思绪让我的双眼潮湿。我心怀感恩地想到，现在她能够继续和全世界分享她的天赋，而这样的感恩却让眼泪更加止不住了。我不会唱歌剧，但我明白歌剧对琼来说意味着什么。那一瞬间我只想回家，去拥抱我爱的人们。我心中充满感恩，感恩我可以有能力帮助琼，感恩我能成为一名医生。

在生命历程中，保持一颗开放的心或许会让你受伤，但封闭你的心给你带来的伤害将更大。时至今日，我依然在学习要如何才能在做一名不受情绪影响的外科神经医生的同时，也能允许自己与他人建立连接。

我发现自己常常会想起露丝，而且希望有机会作为一名成年人，继续追问一个我在儿时就问过的问题：为什么？在那么多人忽视我的存在的时候，是什么让露丝挑中了我？露丝并不富有，她显然也有自己的难题要应对，但她的心是敞开的，她看到有人需要她，并且选择了行动。这让我不禁揣测，为什么有的人拥有一切却不愿意付出哪怕是一点点，来帮助那些有需要的人？而相反，很多人在物质上并不富足,却依然愿意给那些弱者提供尽可能的帮助?为什么那些像露丝一样的人,愿意尽一切所能去帮助别人,而另外一些人却宁愿选择对他人的痛苦熟视无睹?

我并没有把这些思考停留在哲学层面。我开始与很多在相似领域的学者一起,进行了严谨的科学探索。我曾经探索过大脑的种种奥秘,现在我要用同样的热情,以严谨的研究方法,在科学范畴内探索心的奥秘。

在这个过程中我发现,慈悲心是我们的一种本能,也许是最与生俱来的一种本能。近期的研究表明,即便是动物,都会以巨大的投入,甚至不惜损耗自己,来为身处困境的同类——甚至是异类,提供帮助。猴子会照顾受伤的同伴,猫头鹰宝宝会用自己的口粮来喂养处于弱势的兄弟姐妹,有一只海豚甚至救助过一头搁浅的座头鲸。我们人类拥有更强的慈悲本能,互助是我们的大脑在进化中的出厂设置。这在青少年、儿童甚至刚刚学步的孩子身上就开始有所体现。

我们大脑中有一部分叫作中脑,即中脑导水管周围灰质(periaqueductal grey matter),是与眼眶皮质(orbitofrontal cortex)相连的,主要负责养育行为。当我们看到其他人经受苦难,这部分脑区就会启动,也就是说我们天生就渴望为需要帮助的同伴提供支持。同样，当我们为他人提供帮助时，愉悦和奖励中枢就会变得活跃，程度甚至要高于我们接受帮助的时候。而当我们目睹别人的善行或助人行为时，我们也会表现出更多的慈悲行为。

很多人把达尔文的"适者生存"误读为只有最强大、最具支配地位的物种才能存活，而事实上，长远来看，能够存活下来的都是最善良、最具有合作精神的物种。进化过程让我们擅长合作，擅长养育我们弱小的子女，为了群体的最大利益而共同繁荣。

在为琼而流泪之后，我还为很多病人流过眼泪。但我再没有因为情绪波动而影响手术进程了。关心别人的感受和痛苦不是件丢人的事，它其实非常美好。而我认为，这正是让我们能共同在这个世界上存活下来的原因。

就在撰写这本书期间，我得知露丝于 1979 年因患乳腺癌过世了。虽然我再也无法得到当面的确认，但我相信，我为打开自己和他人的心所做的探索，会让露丝感到骄傲的。我想她也会理解，我渴望用科学的手段来重新认识她靠直觉就已经认同的东西。当我们的大脑和心协作统一的时候，我们会更加快乐，更加健康，会不由自主地表达出爱、善意和对他人的关怀。我的直觉也同样认同这件事，但我需要用科学来验证它。这正是我开始发起慈悲心与利他主义研究的初心。我想要知道，我们在进化过程中是如何演化出这样的行为的，而这样的行为又是如何影响着我们的大脑，进而影响着我们的身体健康的。显然，早期研究已经表明它们能给我们带来诸多益处。但我希望能加入那些已经在这一领域钻研多年的学者们，继续进行深入探索。个人层面上，我已经非常清楚它们的作用，但有没有什么办法能让更多的人受益于这些研究成果呢？我能在这方面有所贡献吗？

我和神经科学及心理学的几位同事做了一些初步探索，结果非常振奋人心。我们几个开始每几周见一次面，讨论最新科学进展以及未来可能的研究方向。我们将其称为"慈悲心研究计划"。最初的研究经费是由我个人承担的。

这项小小的非正式研究计划，后来得到了斯坦福大学神经科学院主任及我所属科系主任的支持。最终由医学院院长牵头，正式成立了慈悲与利他主义研究教育中心（CCARE）。中心成立之后，在诸多相关领域杰出专业人员的共同努力下，开发出培养慈悲心的培训课程。目前已有几千人参加了这项培训，培训效果也在持续研究当中。中心也培训了诸多培训指导老师，他们已经将中心的课程传播到了世界其他地方，未来无疑也会使更多人受益。

自创始至今，CCARE已被公认为慈悲心与利他主义领域的开拓者和引领者，将此类行为能给个体生活所带来的巨大影响推广到了教育、商务、医疗领域，以及社会正义及政府职能部门。我们希望它能成为一座灯塔，引领人们去探索我们每个人都具有怎样的力量，能够改善别人的生活，同时也希望能用更多循证研究的数据来发现此类行为对健康、福祉和寿命的影响。

对于个体力量能如何影响他人生命，我自己是有切身体会的。我寄希望于CCARE能启发更多人认识到这种力量。CCARE也是我实现自己对露丝承诺的途径之一——将她的魔法传授给他人。不过传授给医生则是另一个故事了。

# 13
## 神的面庞 The Face of God

两千五百多年前,西方"医学之父"希伯拉底要求每位学生都要宣誓,在行医时恪守最高职业道德。很多人听说过"Primum non nocere"这一拉丁短语,即"无害为先",而且以为希伯拉底是这一核心职业道德的原创者——其实不然,据说第一位提出该词的是17世纪的一位英国医生,名叫托马斯·希德纳姆(Thomas Sydenham),他所著的医学教科书一直被沿用了两百多年,被称为"英国的希伯拉底"。

过去几十年中,在美国和世界上很多国家,都将宣读希伯拉底誓词作为医学院学生入学后的一项传统,称为"白袍典礼"——学生会被授予白袍并宣读誓词,之后由一位德高望重的医学领域先驱向学生致辞,欢迎他们加入这一行业。

从新奥尔良的杜兰医学院毕业三十年之后,当年在我没有本科学位、GPA比任何申请人都低的情况下毅然决定录取我的那位院长给我打了个电话,邀请我去做这位致辞人。接到这样一份邀请,我当时的心情真是无法用语言来描述的。我,吉姆·道迪,当年那位被告知自己申请医学院是"在浪费所有人时间"的差生,现在被视为一位楷模邀请到母校,在白袍典礼上向一群未来医学精英致辞?

我常常会被生命的引领所叹服。

人在回溯过去的时候,很容易能把生命中的脚步串起来,看到自己的来处。而身处其中时,尤其遭遇坎坷的时候,则很难把一路上的点滴连接起来,勾勒出一幅美好的愿景图。我生命中所取得的成就和遭遇的失败都是我未曾想到的。但它们连在一起,使我最终成为一个更好的丈夫,更好的父亲,更好的医生,以及更好的人。

我行医极其认真严谨。露丝的教授使我能打开自己的心,将这一份认真严谨融入善意与慈悲当中。露丝的魔法不仅让我相信自己可以胜任大学和医学院学习，而且使我有能力完成神经外科这项医学界最艰苦卓绝的住院医师培训之一，最终在全国一所名校担任教职。

这样的魔法还给了我不断突破的勇气和安全感，不被最终结果所羁绊，相信自己的一切都会好起来；使我能够出于坚信一项科技能够挽救生命，而奋不顾身地撑起一家倒闭的医疗公司；使我能放弃曾经以为自己最渴望的、最能给我带来幸福和掌控感的事物——金钱。她的魔法让我领悟到，不论贫穷或富有，我都可以好好地做我自己，而其实没有谁能真的掌控生活。我曾一路追求的不过是一场幻象，而将它放弃却让我得到了最有价值的东西：清晰的头脑、生命的目的感，和心的自在。

准备自己讲稿的时候，这些都在我的脑海中浮现出来。我还做了更多思考。面对这些将要踏上艰难的征程去成为一名医生的学生，我能给他们些什么呢？有什么是能让他们在行医的道路上终身受益的？我想到了露丝对我的教授，想到了那些常伴我心间的教诲，我想到了自己每天会反复记诵、对我来说力量强大的口诀，我想到了那些教会我如何去关爱他人的患者，我想到了死亡以及人生之短暂。

我学会了放松身体，摒除杂念，敞开心胸，去观想自己想要实现的事物。我明白了自己最想要创造的世界是人与人之间不仅能"无害为先"，更能互相帮扶。我清楚只要让心的罗盘指引方向，不论最终结局如何，我得到的都会是我真正需要的。我知道我们所有人本质上不仅拥有相似的大脑和心灵，更同样拥有能改变、转化它们、利用它们来造福世界的能力。我学会了不因他人的出身、职业和财富来定义别人，更学会了不以此定义自己。我曾因为自己所处的境遇，就认定自己是残缺破损的。我曾以为没有钱自己就没有价值。我明白了我的成长环境并不是我所造成的，而用出身来定义自己自然是错误的。每个人都有自己的价值和存在的意义，都有自己的尊严，都应当得到尊重，每个人都值得被爱。每个人都应享有机会，乃至第二次机会。

人人都有自己的故事，每个人的生活中都经历过痛苦和悲伤。我们可以选择在任何时间、任何我们面前的人身上，看到他们真正的自己，以及他们未来有可能成为的人。露丝看到了一个孤独而满身伤痕的男孩，但她同样看到我有一颗受了伤的心。我们都有各自的伤口，而我们也都有疗愈的能力。她疗愈了我的伤口，而你也同样可以做到。我们永远都能够付出爱。每一次对陌生人的微笑，每一回不带评判地看待别人，每一次对自己或他人的谅解，每一个充满慈悲的善行，每一份想提供帮助的意愿，这些都是送给世界和自己的礼物。

我们正进入一个将充满慈悲智慧的时代。人们渴望能看清自己在这个世界上的位置，希望能找到让心灵得到快乐和满足的途径，寻求着转变的方法。露丝教给我的方法使我受益匪浅，这或许是她所拥有的智慧和技巧使然。其他人也找到过其他能帮助他们摒除杂念、打开心怀的方法。现在慈悲的智慧已经在人类的意识中泛起了涟漪，而这小小的水波未来也许会变成一场海啸。

我们正踏上心与心相连的旅程。这场旅程将让我们向世上所有的人打开自己的心，意识到他们其实都是我们的兄弟姐妹。我们会发现一个善举会引发另一个善举，逐渐波及全球。归根结底，我们如何爱护和照顾彼此，将决定我们这个星球和人类种族的生存。我该如何和将要开启医学生涯的学子们分享这些价值观呢？

我走上杜兰大学讲堂里的演讲台，望着台下一千二百名学生、教职工和他们的家人。看到他们期待的眼神，我回忆起多年前自己坐在同样的位置参加白袍典礼的情景。遗憾的是我对当年的演讲者或演讲内容全无记忆，只记得自己接受白袍并宣誓的过程。

开口演讲的时候，我情绪非常激动。我和他们分享了自己的旅程，提起了在四年级遇见的那位点燃我对医学兴趣的医生，以及那位对我充满信心的女士——露丝。我提及："懂得倾听的人，具有改变他人人生的力量，不仅能改变患者的生活，更能让周围的世界变得更加美好。有时这仅需要一个微笑或一句暖心的话。"我告诉学生们，虽然医学日新月异，但医生永远都是一个高尚的职业。然后我向他们介绍了心的字母表，一项一项地阐述了其中的含义。最后讲到 L 代表着爱（Love）的时候，我哽咽了，热泪逐渐盈满了眼眶。

"我们没有谁是出生在一个完美无缺的家庭中的。这世上没有免除一切苦难的灵丹妙药，但同样也没有谁能逃脱心与心之间同频共振的美好。"我停顿了一下，准备结束自己的演讲。突然我看到台下的一名年轻人，在他身上我仿佛看到多年前坐在台下的自己。

"今天你们用誓词封印了自己的征程。在这趟旅途中，你们会走过人生最失落、最阴暗的低谷，你们将见证创伤与疾病能如何毁掉一个生命。遗憾的是，你们也同样会看到人与人之间能给彼此造成多么大的伤害。更可悲的是，你们会发现人有能力给自己带来多么巨大的折磨。但这趟征途也将会带你走向人生巅峰，看到那些柔弱的力量展现出不可思议的强大，其治疗效果让你无从解释，你会见证慈悲的智慧和善意的力量如何疗愈了人类的疾病。而通过这样的道路，你将亲见神的面庞。"

我在讲最后几段话的时候太投入了，完全没有注意观众反应。全部讲完的时候，我看到很多在场的人都流下了眼泪。我看了一眼台上的同仁，发现他们也都在流泪。此时我才意识到，自己的脸颊上还挂着泪滴。突然全体听众起立鼓掌。这掌声并不只是献给我的，更是献给我们共同走上的这条，通往慈悲之智慧和人性之伟大的征程。

结束的时候很多人等在讲台旁边，流着泪感谢我，告诉我，我的演讲打开了他们的心。

我想到了自己的生活，想到了露丝，再一次感受到她话语的力量和她的魔法之奇妙。这是我们每一个人与生俱来的力量，在我们的体内等待着被释放。这是我们可以给予彼此最好的馈赠。

走出讲堂，阳光温暖地洒在我的脸颊上。我停下脚步，闭上双眼，体会着自己的存在。

一切都还好。

我过得都还好。

我探索大脑和心的奥秘的旅程始于魔法店。但实际上，我们并不需要坐在一家魔法店里来进行这样的探索，我们只需要探索进我们的思维和我们的内心就可以了。

而你一样可以创造出你自己的魔法，然后传授给别人。大脑和心协作统一，就可以拥有这世上最强大的魔法，而这魔法和幻术或手法无关。

这魔法是真实有效的。

这是露丝能传授给我的最伟大的魔法，也是我能教给你的最伟大的魔法。

## 致谢
## Acknowledgments

作为斯坦福大学医学院慈悲与利他主义研究教育中心（CCARE）的创始人和中心主任，我跟很多人分享过自己童年的经历，以及是什么促使我贡献出如此多的时间和精力来研究慈悲的智慧及其能改变我们生活的力量。我分享的这些内容引起了很多人的共鸣。很多人问我何时能出一本书。多年以来我一直没有付诸行动，一来是因为这需要投入大量时间精力，而我自身的工作已经非常繁忙；二来也是因为，我知道回溯过去会把我带回到生命中一些非常艰难和痛苦的时光。

这个想法在一次出席开普敦德斯蒙德·图图大主教八十岁寿辰的宴会时发生了变化。在那次宴会上，我有幸遇到了完美构想设计公司的道格·阿博墨先生。当时我并不知道他是图图大主教的文学经纪人，更不知道他已经参加过多次CCARE的活动。他说我的故事给他带来很大启发，劝说我用写本书的方式来让更多人受益，也跟我分享了书籍如何给他父亲的人生带来启迪。事实上，他告诉我虽然他作为文学经纪人的使命是向世界传播具有启发性的故事，但说到底，他最大的动力其实是将这些激动人心的叙述，通过书籍的方式介绍给他的父亲。我又怎能拒绝呢？

生命中没有哪件事是能靠一己之力完成的。本书的出版也是一样。道格不仅鞭策我写出大纲，还通过他在出版界的威望，介绍我结识了企鹅蓝登书屋旗下，Avery出版公司一位非常杰出的女士——卡罗林·萨顿。在她的支持、鼓励和指导下，我的故事才最终得以以书籍的方式问世。

合同签署之后，我突然意识到自己承诺下的巨大工作量和截稿期。幸运的是完美构想设计公司向我伸出援手，安排他们的主编莱拉·罗夫与我合作。在本书撰写和编辑的每一步中，这位高效、勤勉而细心的女士给予了我巨大的帮助。她擅长用词，帮我发掘出能使故事变得生动的各种细节。在她温柔的敦促下，我才得以有勇气回溯出那些让我不适或痛苦的过去，而这些细节正是成就本书的关键所在。在近两年的时间里，莱拉和我几乎每周都要见两次面，都是在非常早的清晨。这段时间里，我们成为亲密的朋友，而这份友谊是我极为珍视的。

我也希望感谢我超凡的妻子兼人生伴侣玛莎，她的支持我从不曾视为理所当然。嫁给一名神经外科医生，意味着要错过很多社交活动，另一半还经常会在深夜被叫走，然后筋疲力尽地回到家中。即便如此，我的妻子依然全力支持我去倡导用慈悲的力量来改善生命。我对此永远心怀感激。

我还希望感谢那些在我生命中曾经帮助过我、为我指引前路的人们。

# 译后记
# Postscript

2016年冬天,我随手下载了这本电子阅读器推送给我的书,用来打发长途旅行的无聊时光。本来是想留着在看电影间隙"溜溜缝儿"用,结果翻开第一页就一发不可收拾,中途几次想放下都做不到,一口气读完,引发了我很多思考。之后我参加了斯坦福大学医学院慈悯与利他主义研究教育中心开发的慈悯心训练课程(Compassion Cultivation Training, CCT),随后申请并完成了2017—2018年度的CCT师资培训,成为第一位来自中国的CCT培训师。在此期间我也把道迪博士这本书推荐给了很多好友,但发现可能受益于书中内容的人会被英语这个障碍给拦下来,于是萌发了翻译这本书的想法。感谢三川老师、白老师及童书妈妈团队的支持和努力,最终使这本书能够以中文呈现在大家面前。

整个翻译过程中,"Compassion"一词该如何准确表达,让我绞尽了脑汁。在CCT师资培训中,我学习到"Compassion"有哲学和科学两种角度的定义。从哲学角度上,它包含"对痛苦的觉察、感到关切和连接、减轻痛苦的渴望和付诸行动的意愿"四个元素。而从科学角度上,凯利·麦格尼格尔(Kelly McGonigal)教授则给出了我个人认为更加明确而完整的"六步"定义"觉察并认识到痛苦的存在—对承受痛苦者感到关切和连接—有减轻痛苦的渴望—相信自己有能力改善现状—有意愿去回应或开展行动—体会到温情或满足的美好感受"。

根据这样的定义,我在脑海里无法找出准确的中文词汇来对应。在请教了很多前辈之后,可能的翻译集中在"慈悲""同情"和"关爱"三个词上。而我个人感觉,"慈悲"在中文语境中有自上而下俯视的感觉,而"Compassion"本身并没有这样的意味;此外,"慈悲"还可能会在不同语境中被认为与宗教相关,"Compassion"则与宗教无关。"同情"就更不可取,因为事实上,学习区分同情与"Compassion"正是CCT训练的一项重要任务,且有研究表明两者对人情绪和大脑产生的影响大相径庭:同情心训练会增加消极情绪，无法提升积极情绪，会增加大脑内负责疼痛反应区域（岛叶、中扣带回皮质等）的活动；而"Compassion"训练则不会增加消极情绪，但能够提升积极情绪，会增加大脑中负责奖赏和养育区域（内侧眶额皮层、中脑腹侧被盖区等）的活动。至于"关爱"一词，虽然在很多情境下可以和"Compassion"替换使用，但其含义中却缺少了对痛苦的觉察和认识，从而难以谈及减轻和改善的愿望及行动。

在整个CCT师资培训过程中，只有我一人来自中国，于是也难以找到同伴一起凑出个"诸葛亮"来。有趣的是我的两名日本同学遇到了同样的问题——日语中也没有能够准确对应"Compassion"的词汇。其中一位同学在日本的世界银行代表处工作，她自己出资办一场小型研讨会，召集日本的心理学、哲学和商业界人士一起讨论该如何翻译此词。我非常期待能够坐享其成，毕竟日语书写和中文有相近之处，最少也应该能够做个借鉴。不想两周以后日本同学告诉我，因为实在没有找到准确对应的日语词汇，他们讨论的结果，是将"Compassion"音译，创造了一个念做Kāng Bā Xiòng(音)的日语新词。知道这个结果的时候，我的内心是崩溃的。

在花了三个月翻译本书、用了近一年时间完成CCT师资培训之后，我依然没有找到非常满意的翻译方法。最终，我决定使用"慈悯"一词，希望能够尽可能地传达"Compassion"的丰富含义，而不使其变味。如果各位有更好的建议，我也非常期待能够听到您的见解。

除此之外，书中内容不在此赘述，只想占用这两页纸讲几件希望和大家分享的事。

第一，真实性。这是很多被我安利了这本书的朋友问过的问题。第一次读的时候，我自己也是看到一半就翻回首页，来确定自己读的不是一本小说。这本书出版几个月就成为《纽约时报》畅销书，销量在美国早早过了百万册。而书中所提到的人物，如果依然在世，基本上也都是作者的朋友、同事或家人，都已经是本书的读者。书中内容确实是作者的自身经历，是真实的。

第二，推荐的原因。同一本书一千个人读过就会有一千种解读的角度和感受。就我个人而言，这本书最大的价值，是让我看到即便在充满逆境的成长环境中，通过给孩子们提供有效的思维训练工具，也可以改变他们的人生。我们谁都无法选择自己的原生家庭，更没有父母能保证孩子一生不遭遇逆境。在人生中大脑可塑性最高的时期，教会孩子训练自己的思维，塑造对世界和他人的态度和看法，从而帮助他们拥有抗逆力和让自己幸福的能力，正是我们能给孩子最有价值的礼物之一。

第三，作者本人是斯坦福大学神经外科教授，目前依然奋战在脑外科手术台上。专业知识和职业素养让他有能力就自己的经历做出对读者更有价值的阐述。书中的观点都是有实证研究结论支撑的，比如，对他人的关爱和对世界的善意能够实实在在地改善我们的身心健康。此外，书中还有很多作者提到但没有展开论述的内容，也非常具有启发性，我有机会也会慢慢整理出来，和大家一起讨论分享。

真心希望每位读到这本书的人都能有所收获。很惭愧我本人并非专业翻译，虽然尽量将书中内容还原，但一定还有大量不尽之处，还希望各位指正。

**晶 琳**